ALLOUMA

CONTES CHOISIS

DE

GUY DE MAUPASSANT

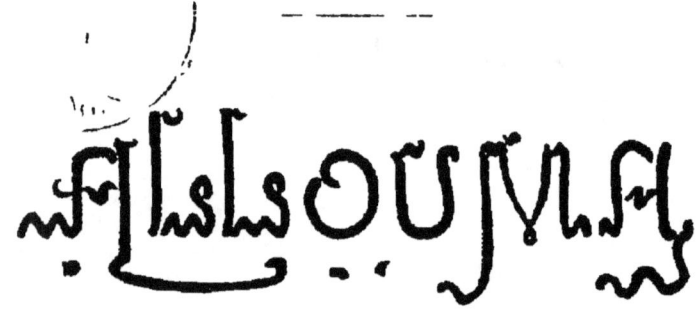

PARIS

Imprimé pour la

SOCIÉTÉ DES BIBLIOPHILES CONTEMPORAINS

—

1892

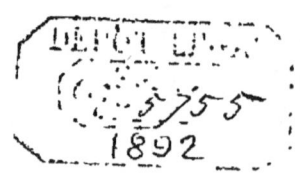

ALLOUMA

Un de mes amis m'avait dit : Si tu passes par hasard aux environs de Bordj-Ebbaba, pendant ton voyage en Algérie, va donc voir mon ancien camarade Auballe, qui est colon là-bas.

J'avais oublié le nom d'Auballe et le nom d'Ebbaba, et je ne songeais guère à ce colon, quand j'arrivai chez lui, par pur hasard.

Depuis un mois, je rôdais à pied par toute cette région

*magnifique qui s'étend d'Alger à Cherchell, Orléansville et Tiaret.
Elle est en même temps boisée et nue, grande et intime. On
rencontre, entre deux monts, des forêts de pins profondes en
des vallées étroites où roulent des torrents en hiver. Des arbres
énormes tombés sur le ravin servent de pont aux Arabes, et
aussi aux lianes qui s'enroulent aux troncs morts et les parent
d'une vie nouvelle. Il y a des creux, en des plis inconnus de
montagne, d'une beauté terrifiante, et des bords de ruisselets,
plats et couverts de lauriers-roses, d'une inimaginable grâce.*

*Mais ce qui m'a laissé au cœur les plus chers souvenirs
en cette excursion, ce sont les marches de l'après-midi le long
des chemins un peu boisés sur ces ondulations des côtes d'où
l'on domine un immense pays onduleux et roux depuis la mer
bleuâtre jusqu'à la chaîne de l'Ouarsenis qui porte sur ses
faîtes la forêt de cèdres de Teniet-el-Haad.*

*Ce jour-là je m'égarai. Je venais de gravir un sommet, d'où
j'avais aperçu, au-dessus d'une série de collines, la longue plaine
de la Mitidja, puis par derrière, sur la crête d'une autre chaîne,
dans un lointain presque invisible, l'étrange monument qu'on
nomme le Tombeau de la Chrétienne, sépulture d'une famille de
rois de Mauritanie, dit-on. Je redescendais, allant vers le Sud,
découvrant devant moi jusqu'aux cimes dressées sur le ciel clair,
au seuil du désert, une contrée bosselée, soulevée et fauve, fauve
comme si toutes ces collines étaient recouvertes de peaux de
lion cousues ensemble. Quelquefois, au milieu d'elles, une bosse
plus haute se dressait, pointue et jaune, pareille au dos brous-
sailleux d'un chameau.*

*J'allais à pas rapides, léger, comme on l'est en suivant les
sentiers tortueux sur les pentes d'une montagne. Rien ne pèse,
en ces courses alertes dans l'air vif des hauteurs, rien ne pèse,
ni le corps, ni le cœur, ni les pensées, ni même les soucis. Je
n'avais plus rien en moi, ce jour-là, de tout ce qui écrase et
torture notre vie, rien que la joie de cette descente. Au loin,*

j'apercevais des campements arabes, tentes brunes, pointues, accrochées au sol comme les coquilles de mer sur les rochers, ou bien des gourbis, huttes de branches d'où sortait une fumée grise.

Des formes blanches, hommes ou femmes, erraient autour à pas lents ; et les clochettes des troupeaux tintaient vaguement dans l'air du soir.

Les arbousiers sur ma route se penchaient, étrangement chargés de leurs fruits de pourpre qu'ils répandaient dans le chemin. Ils avaient l'air d'arbres martyrs d'où coulait une sueur sanglante, car au bout de chaque branchette pendait une graine rouge comme une goutte de sang.

Le sol, autour d'eux, était couvert de cette pluie suppliciale, et le pied écrasant les arbouses laissait par terre des traces de meurtre. Parfois, d'un bond, en passant, je cueillais les plus mûres pour les manger.

Tous les vallons à présent se remplissaient d'une vapeur blonde qui s'élevait lentement comme la buée des flancs d'un bœuf ; et sur la chaîne des monts qui fermaient l'horizon, à la frontière du Sahara flamboyait un ciel de Missel. De longues traînées d'or alternaient avec des traînées de sang — encore du sang ! du sang et de l'or, toute l'histoire humaine — et parfois entre elles s'ouvrait une trouée mince sur un azur verdâtre, infiniment lointain comme le rêve.

Oh ! que j'étais loin, que j'étais loin de toutes les choses et de toutes les gens dont on s'occupe autour des boulevards, loin de moi-même aussi, devenu une sorte d'être errant, sans conscience, et sans pensée, un œil qui passe, qui voit, qui aime voir, loin encore de ma route à laquelle je ne songeais plus, car aux approches de la nuit je m'aperçus que j'étais perdu !

L'ombre tombait sur la terre comme une averse de ténèbres, et je ne découvrais rien devant moi que la montagne à perte de vue. Des tentes apparurent dans un vallon, j'y descendis et *j'essayai de faire comprendre au premier Arabe rencontré la direction que je cherchais.*

M'a-t-il deviné? je l'ignore; mais il me répondit longtemps, et moi je ne compris rien. J'allais, par désespoir, me décider à passer la nuit, roulé dans un tapis, auprès du campement, quand je crus reconnaître parmi les mots bizarres qui sortaient de sa bouche, celui de Bordj-Ebbaba.

Je répétai : « Bordj-Ebbaba. — Oui, oui. »

Et je lui montrai deux francs, une fortune. Il se mit à marcher, je le suivis. Oh ! je suivis longtemps, dans la nuit profonde, ce fantôme pâle qui courait pieds nus devant moi par les sentiers pierreux où je trébuchais sans cesse.

Soudain une lumière brilla. Nous arrivions devant la porte d'une maison blanche, sorte de fortin aux murs droits et sans fenêtres extérieures. Je frappai, des chiens hurlèrent au dedans. Une voix française demanda : « Qui est là ? »

Je répondis :

« Est-ce ici que demeure M. Auballe ?

— Oui. »

On m'ouvrit, j'étais en face de M. Auballe lui-même, un grand garçon blond, en savates, pipe à la bouche, avec l'air d'un hercule bon enfant.

Je me nommai; il tendit ses deux mains en disant : « Vous êtes chez vous, monsieur. »

Un quart d'heure plus tard, je dînais avidement en face de mon hôte qui continuait à fumer.

Je savais son histoire. Après avoir mangé beaucoup d'argent avec les femmes, il avait placé son reste en terres algériennes, et planté des vignes.

Les vignes marchaient bien ; il était heureux, et il avait en effet l'air calme d'un homme satisfait. Je ne pouvais comprendre comment ce Parisien, ce fêteur, avait pu s'accoutumer à cette vie monotone, dans cette solitude, et je l'interrogeai.

« *Depuis combien de temps êtes-vous ici ?*

— *Depuis neuf ans.*

— *Et vous n'avez pas d'atroces tristesses ?*

— *Non, on se fait à ce pays, et puis on finit par l'aimer. Vous ne sauriez croire comme il prend les gens par un tas de petits instincts animaux que nous ignorons en nous. Nous nous y attachons d'abord par nos organes à qui il donne des satis- factions secrètes que nous ne raisonnons pas. L'air et le climat font la conquête de notre chair, malgré nous, et la lumière gaie dont il est inondé tient l'esprit clair et content, à peu de frais. Elle entre en nous à flots, sans cesse, par les yeux, et on dirait vraiment qu'elle lave tous les coins sombres de l'âme.*

— *Mais les femmes?*

— *Ah !... ça manque un peu !*

— *Un peu seulement?*

— *Mon Dieu, oui... un peu. Car on trouve toujours, même dans les tribus, des indigènes complaisants qui pensent aux nuits du Roumi.* »

Il se tourna vers l'Arabe qui me servait, un grand garçon brun dont l'œil noir luisait sous le turban, et il lui dit :

« *Va-t'en, Mohammed, je t'appellerai quand j'aurai besoin de toi.* »

Puis, à moi :

« *Il comprend le français, et je vais vous conter une histoire où il joue un grand rôle.* »

L'homme étant parti, il commença :

« *J'étais ici depuis quatre ans environ, encore peu installé, à tous égards, dans ce pays dont je commençais à balbutier la langue, et obligé, pour ne pas rompre tout à fait avec des passions qui m'ont été fatales d'ailleurs, de faire à Alger un voyage de quelques jours, de temps en temps.*

« *J'avais acheté cette ferme, ce bordj, ancien poste fortifié, à quelques centaines de mètres du campement indigène dont j'em-*

ploie les hommes à mes cultures. Dans cette tribu, fraction des Oulad-Taadja, je choisis en arrivant, pour mon service particulier, un grand garçon, celui que vous venez de voir, Mohammed ben Lam'har, qui me fut bientôt extrêmement dévoué. Comme il ne voulait pas coucher dans une maison dont il n'avait point l'habitude, il dressa sa tente à quelques pas de la porte, afin que je pusse l'appeler de ma fenêtre.

« Ma vie, vous la devinez ? Tout le jour, je suivais les défrichements et les plantations, je chassais un peu, j'allais dîner avec les officiers des postes voisins, ou bien ils venaient dîner chez moi.

« Quant aux... plaisirs — je vous les ai dits. Alger m'offrait les plus raffinés ; et de temps en temps, un Arabe complaisant et compatissant m'arrêtait au milieu d'une promenade pour me proposer d'amener chez moi, à la nuit, une femme de tribu. J'acceptais quelquefois, mais, le plus souvent, je refusais, par crainte des ennuis que cela pouvait me créer.

« Et, un soir, en rentrant d'une tournée dans les terres, au commencement de l'été, ayant besoin de Mohammed, j'entrai dans sa tente sans l'appeler. Cela m'arrivait à tout moment.

« Sur un de ces grands tapis rouges en haute laine du Djebel-Amour, épais et doux comme des matelas, une femme, une fille, presque nue, dormait, les bras croisés sur ses yeux. Son corps blanc, d'une blancheur luisante sous le jet de lumière de la toile soulevée, m'apparut comme un des plus parfaits échantillons de la race humaine que j'eusse vus. Les femmes sont belles par ici, grandes, et d'une rare harmonie de traits et de lignes.

« Un peu confus, je laissai retomber le bord de la tente et je rentrai chez moi.

« J'aime les femmes ! L'éclair de cette vision m'avait traversé et brûlé, ranimant en mes veines la vieille ardeur redoutable à qui je dois d'être ici. Il faisait chaud, c'était en juillet, et je passai presque toute la nuit à ma fenêtre, les yeux sur la tache sombre que faisait à terre la tente de Mohammed.

« *Quand il entra dans ma chambre, le lendemain, je le regardai bien en face, et il baissa la tête comme un homme confus, coupable. Devinait-il ce que je savais ?*

« *Je lui demandai brusquement :*

« *— Tu es donc marié, Mohammed ?* »

« *Je le vis rougir, et il balbutia :*

« *— Non, moussié !* »

« *Je le forçais à parler français et à me donner des leçons d'arabe, ce qui produisait souvent une langue intermédiaire des plus incohérentes.*

« *Je repris :*

« *— Alors, pourquoi y a-t-il une femme chez toi.* »

« *Il murmura :*

« *— Il est du Sud.*

« *— Ah ! elle est du Sud. Cela ne m'explique pas comment elle se trouve sous ta tente.* »

« *Sans répondre à ma question, il reprit :*

« *— Il est très joli.*

« *— Ah ! vraiment. Eh bien, une autre fois, quand tu recevras comme ça une très jolie femme du Sud, tu auras soin de la faire entrer dans mon gourbi et non dans le tien. Tu entends, Mohammed ?* »

« *Il répondit avec un grand sérieux :*

« *— Oui, moussié.* »

« *J'avoue que pendant toute la journée je demeurai sous l'émotion agressive du souvenir de cette fille arabe étendue sur un tapis rouge ; et, en rentrant, à l'heure du dîner, j'eus une forte envie de traverser de nouveau la tente de Mohammed. Durant la soirée, il fit son service comme toujours, tournant autour de moi avec sa figure impassible, et je faillis plusieurs fois lui demander s'il allait garder longtemps sous son toit de poil de chameau cette demoiselle du Sud, qui était très jolie.*

« *Vers neuf heures, toujours hanté par ce goût de la femme,*

*qui est tenace comme l'instinct de chasse chez les chiens, je sortis
pour prendre l'air et pour rôder un peu dans les environs du cône
de toile brune à travers laquelle j'apercevais le point brillant d'une
lumière.*

« *Puis je m'éloignai, pour n'être pas surpris par Mohammed
dans les environs de son logis.*

« *En rentrant, une heure plus tard, je vis nettement son profil
à lui, sous sa tente. Puis, ayant tiré ma clef de ma poche, je
pénétrai dans le bordj où couchaient, comme moi, mon intendant,
deux laboureurs de France et une vieille cuisinière cueillie à
Alger.*

« *Je montai mon escalier et je fus surpris en remarquant un
filet de clarté sous ma porte. Je l'ouvris, et j'aperçus en face de
moi, assise sur une chaise de paille à côté de la table où brûlait
une bougie, une fille au visage d'idole, qui semblait m'attendre
avec tranquillité, parée de tous les bibelots d'argent que les femmes
du Sud portent aux jambes, aux bras, sur la gorge et jusque
sur le ventre. Ses yeux agrandis par le khol jetaient sur moi un
large regard ; et quatre petits signes bleus finement tatoués sur la
chair étoilaient son front, ses joues et son menton. Ses bras,
chargés d'anneaux, reposaient sur ses cuisses que recouvrait,
tombant des épaules, une sorte de gebba de soie rouge dont elle
était vêtue.*

« *En me voyant entrer, elle se leva et resta devant moi,
debout, couverte de ses bijoux sauvages, dans une attitude de
fière soumission.*

« — *Que fais-tu ici ? lui dis-je en arabe.*

« — *J'y suis parce qu'on m'a ordonné de venir.*

« — *Qui te l'a ordonné ?*

« — *Mohammed.*

« — *C'est bon. Assieds-toi.* »

« *Elle s'assit, baissa les yeux, et je demeurai devant elle,
l'examinant.*

« *La figure était étrange, régulière, fine et un peu bestiale,
mais mystique comme celle d'un Bouddha. Les lèvres, fortes et
colorées d'une sorte de floraison rouge qu'on retrouvait ailleurs
sur son corps, indiquaient un léger mélange de sang noir, bien
que les mains et les bras fussent d'une blancheur irréprochable.*

« *J'hésitais sur ce que je devais faire, troublé, tenté et confus.
Pour gagner du temps et me donner le loisir de la réflexion, je
lui posai d'autres questions, sur son origine, son arrivée dans ce
pays, et ses rapports avec Mohammed. Mais elle ne répondit qu'à
celles qui m'intéressaient le moins, et il me fut impossible de savoir
pourquoi elle était venue, dans quelle intention, sur quel ordre,
depuis quand, ni ce qui s'était passé entre elle et mon serviteur.*

« *Comme j'allais lui dire : « Retourne sous la tente de
« Mohammed », elle me devina peut-être, se dressa brusquement
et levant ses deux bras découverts dont tous les bracelets sonores
glissèrent ensemble vers ses épaules, elle croisa ses mains derrière
mon cou en m'attirant avec un air de volonté suppliante et irrésistible.*

« *Ses yeux, allumés par le désir de séduire, par ce besoin
de vaincre l'homme qui rend fascinant comme celui des félins
le regard impur des femmes, m'appelaient, m'enchaînaient,
m'ôtaient toute force de résistance, me soulevaient d'une ardeur
impétueuse. Ce fut une lutte courte, sans paroles, violente, entre
les prunelles seules, l'éternelle lutte entre les deux brutes humaines,
le mâle et la femelle, où le mâle est toujours vaincu.*

« *Ses mains, derrière ma tête, m'attiraient d'une pression
lente, grandissante, irrésistible comme une force mécanique, vers
le sourire animal de ses lèvres rouges où je collai soudain les
miennes en enlaçant ce corps presque nu et chargé d'anneaux
d'argent qui tintèrent, de la gorge aux pieds, sous mon étreinte.*

« *Elle était nerveuse, souple et saine comme une bête, avec des
airs, des mouvements, des grâces et une sorte d'odeur de gazelle,
qui me firent trouver à ses baisers une rare saveur inconnue,*

étrangère à mes sens comme un goût de fruit des tropiques.

« Bientôt… je dis bientôt, ce fut peut-être aux approches du matin, je la voulus renvoyer, pensant qu'elle s'en irait ainsi qu'elle était venue, et ne me demandant pas encore ce que je ferais d'elle, ou ce qu'elle ferait de moi.

« Mais dès qu'elle eut compris mon intention, elle murmura :

« — Si tu me chasses, où veux-tu que j'aille maintenant ? Il faudra que je dorme sur la terre, dans la nuit. Laisse-moi me coucher sur le tapis, au pied de ton lit. »

« Que pouvais-je répondre ? Que pouvais-je faire ? Je pensai que Mohammed, sans doute, regardait à son tour la fenêtre éclairée de ma chambre ; et des questions de toute nature, que je ne m'étais point posées dans le trouble des premiers instants, se formulèrent nettement :

« — Reste ici, dis-je, nous allons causer. »

« Ma résolution fut prise en une seconde. Puisque cette fille avait été jetée ainsi dans mes bras, je la garderais, j'en ferais une sorte de maîtresse esclave, cachée dans le fond de ma maison, à la façon des femmes des harems. Le jour où elle ne me plairait plus, il serait toujours facile de m'en défaire d'une façon quelconque, car ces créatures-là, sur le sol africain, nous appartenaient presque corps et âme.

« Je lui dis :

« — Je veux bien être bon pour toi. Je te traiterai de façon que tu ne sois pas malheureuse, mais je veux savoir ce que tu es, et d'où tu viens. »

« Elle comprit qu'il fallait parler et me conta son histoire, ou plutôt une histoire, car elle dut mentir d'un bout à l'autre, comme mentent tous les Arabes, toujours, avec ou sans motifs.

« C'est là un des signes les plus surprenants et les plus incompréhensibles du caractère indigène : le mensonge. Ces hommes en qui l'islamisme s'est incarné jusqu'à faire partie d'eux, jusqu'à modeler leurs instincts, jusqu'à modifier la race entière et à la *différencier des autres au moral autant que la couleur de la peau différencie le nègre du blanc, sont menteurs dans les moelles au point que jamais on ne peut se fier à leurs dires. Est–ce à leur religion qu'ils doivent cela ? Je l'ignore. Il faut avoir vécu parmi eux pour savoir combien le mensonge fait partie de leur être, de leur cœur, de leur âme, est devenu chez eux une sorte de seconde nature, une nécessité de la vie.*

« *Elle me raconta donc qu'elle était fille d'un caïd des Ouled Sidi Cheik et d'une femme enlevée par lui dans une razzia sur les Touaregs. Cette femme devait être une esclave noire, ou du moins provenir d'un premier croisement de sang arabe et de sang nègre. Les négresses, on le sait, sont fort prisées dans les harems où elles jouent le rôle d'aphrodisiaques.*

« *Rien de cette origine d'ailleurs n'apparaissait, hors cette couleur empourprée des lèvres et les fraises sombres de ses seins allongés, pointus et souples comme si des ressorts les eussent dres–sés. A cela, un regard attentif ne se pouvait tromper. Mais tout le reste appartenait à la belle race du Sud, blanche, svelte, dont la figure fine est faite de lignes droites et simples comme une tête d'image indienne. Les yeux très écartés augmentaient encore l'air un peu divin de cette rôdeuse du désert.*

« *De son existence véritable, je ne sus rien de précis. Elle me la conta par détails incohérents qui semblaient surgir au hasard dans une mémoire en désordre ; et elle y mêlait des observations délicieusement puériles, toute une vision du monde nomade née dans une cervelle d'écureuil qui a sauté de tente en tente, de campement en campement, de tribu en tribu.*

« *Et cela était débité avec l'air sévère que garde toujours ce peuple drapé, avec des mines d'idole qui potine et une gravité un peu comique.*

« *Quand elle eut fini, je m'aperçus que je n'avais rien retenu de cette longue histoire pleine d'événements insignifiants, emma–gasinés en sa légère cervelle, et je me demandai si elle ne m'avait*

pas berné très simplement par ce bavardage vide et sérieux qui ne
m'apprenait rien sur elle ou sur aucun fait de sa vie.

« *Et je pensais à ce peuple vaincu au milieu duquel nous
campons ou plutôt qui campe au milieu de nous, dont nous com-
mençons à parler la langue, que nous voyons vivre chaque jour
sous la toile transparente de ses tentes, à qui nous imposons nos
lois, nos règlements et nos coutumes, et dont nous ignorons tout,
mais tout, entendez-vous, comme si nous n'étions pas là, unique-
ment occupés à le regarder depuis bientôt soixante ans. Nous ne
savons pas davantage ce qui se passe sous cette hutte de branches
et sous ce petit cône d'étoffe cloué sur la terre avec des pieux, à
vingt mètres de nos portes, que nous ne savons encore ce que font,
ce que pensent, ce que sont les Arabes dits civilisés des maisons
mauresques d'Alger. Derrière le mur peint à la chaux de leur
demeure des villes, derrière la cloison de branches de leur gourbi,
ou derrière ce mince rideau brun de poil de chameau que secoue
le vent, ils vivent près de nous, inconnus, mystérieux, menteurs,
sournois, soumis, souriants, impénétrables. Si je vous disais
qu'en regardant de loin, avec ma jumelle, le campement voisin, je
devine qu'ils ont des superstitions, des cérémonies, mille usages
encore ignorés de nous, pas même soupçonnés ! Jamais peut-être
un peuple conquis par la force n'a su échapper aussi complètement à la domination réelle, à l'influence morale et à l'investiga-
tion acharnée, mais inutile du vainqueur.*

« *Or cette infranchissable et secrète barrière que la nature
incompréhensible a verrouillée entre les races, je la sentais soudain, comme je ne l'avais jamais sentie, dressée entre cette fille
arabe et moi, entre cette femme qui venait de se donner, de se
livrer, d'offrir son corps à ma caresse et moi qui l'avais possédée.*

« *Je lui demandai y songeant pour la première fois :*

« — *Comment t'appelles tu ?* »

« *Elle était demeurée quelques instants sans parler et je la vis
tressaillir comme si elle venait d'oublier que j'étais là, tout contre*

elle. Alors, dans ses yeux levés sur moi, je devinai que cette minute avait suffi pour que le sommeil tombât sur elle, un sommeil irrésistible et brusque, presque foudroyant, comme tout ce qui s'empare des sens mobiles des femmes.

« Elle répondit nonchalamment avec un bâillement arrêté dans la bouche :

« — Allouma. »

« Je repris :

« — Tu as envie de dormir ?

« — Oui, dit-elle.

« — Eh bien ! dors. »

« Elle s'allongea tranquillement à mon côté, étendue sur le ventre, le front posé sur ses bras croisés, et je sentis presque tout de suite que sa fuyante pensée de sauvage s'était éteinte dans le repos.

« Moi, je me mis à rêver, couché près d'elle, cherchant à comprendre ? Pourquoi Mohammed me l'avait-il donnée ? Avait-il agi en serviteur magnanime qui se sacrifie pour son maître jusqu'à lui céder la femme attirée en sa tente pour lui-même, ou bien avait-il obéi à une pensée plus complexe, plus pratique, moins généreuse en jetant dans mon lit cette fille qui m'avait plu ? L'Arabe, quand il s'agit de femmes, a toutes les rigueurs pudibondes et toutes les complaisances inavouables ; et on ne comprend guère plus sa morale rigoureuse et facile que tout le reste de ses sentiments. Peut-être avais-je devancé, en pénétrant par hasard sous sa tente, les intentions bienveillantes de ce prévoyant domestique qui m'avait destiné cette femme, son amie, sa complice, sa maîtresse aussi peut-être.

« Toutes ces suppositions m'assaillirent et me fatiguèrent si bien que tout doucement je glissai à mon tour dans un sommeil profond.

« Je fus réveillé par le grincement de ma porte ; Mohammed entrait comme tous les matins pour m'éveiller. Il ouvrit la fenêtre par où un flot de jour s'engouffrant éclaira sur le lit le corps d'Allouma toujours endormie, puis il ramassa sur le tapis mon pantalon, mon gilet et ma jaquette afin de les brosser. Il ne jeta pas un regard sur la femme couchée à mon côté, ne parut pas savoir ou remarquer qu'elle était là, et il avait sa gravité ordinaire, la même allure, le même visage. Mais la lumière, le mouvement, le léger bruit des pieds nus de l'homme, la sensation de l'air pur sur la peau et dans les poumons tirèrent Allouma de son engourdissement. Elle allongea les bras, se retourna, ouvrit les yeux, me regarda, regarda Mohammed avec la même indifférence et s'assit. Puis elle murmura :

« — J'ai faim, aujourd'hui.

« — Que veux-tu manger ? demandai-je.

« — Kahoua.

« — Du café et du pain avec du beurre ?

« — Oui. »

« Mohammed, debout près de notre couche, mes vêtements sur les bras, attendait les ordres.

« Apporte à déjeuner pour Allouma et pour moi », lui dis-je.

« Et il sortit sans que sa figure révélât le moindre étonnement ou le moindre ennui.

« Quand il fut parti, je demandai à la jeune Arabe :

« — Veux-tu habiter dans ma maison ?

« — Oui, je le veux bien.

« — Je te donnerai un appartement pour toi seule et une femme pour te servir.

« — Tu es généreux et je te suis reconnaissante.

« — Mais si ta conduite n'est pas bonne, je te chasserai d'ici.

« — Je ferai ce que tu exigeras de moi. »

« Elle prit ma main et la baisa, en signe de soumission.

« Mohammed rentrait, portant un plateau avec le déjeuner. Je lui dis :

« — Allouma va demeurer dans la maison. Tu étaleras des

*tapis dans la chambre, au bout du couloir, et tu feras venir ici
pour la servir la femme d'Abd el-Kader-el-Hadara.*

« — *Oui, moussié.* »

« *Ce fut tout.*

« *Une heure plus tard, ma belle Arabe était installée dans une
grande chambre claire ; et comme je venais m'assurer que tout
allait bien, elle me demanda, d'un ton suppliant, de lui faire cadeau
d'une armoire à glace. Je promis, puis je la laissai accroupie sur
un tapis du Djebel-Amour, une cigarette à la bouche, et bavardant
avec la vieille Arabe que j'avais envoyé chercher, comme si elles se
connaissaient depuis des années.*

Pendant un mois, je fus très heureux avec elle et je m'attachai d'une façon bizarre à cette créature d'une autre race, qui me semblait presque d'une autre espèce, née sur une planète voisine.

« Je ne l'aimais pas — non — on n'aime point les filles de ce continent primitif. Entre elles et nous, même entre elles et leurs mâles naturels, les Arabes, jamais n'éclôt la petite fleur bleue des *pays du Nord. Elles sont trop près de l'animalité humaine, elles ont un cœur trop rudimentaire, une sensibilité trop peu affinée, pour éveiller dans nos âmes l'exaltation sentimentale qui est la poésie de l'amour. Rien d'intellectuel, aucune ivresse de la pensée ne se mêle à l'ivresse sensuelle que provoquent en nous ces êtres charmants et nuls.*

« *Elles nous tiennent pourtant, elles nous prennent, comme les autres, mais d'une façon différente, moins tenace, moins cruelle, moins douloureuse.*

« *Ce que j'éprouvai pour celle-ci, je ne saurais encore l'expliquer d'une façon précise. Je vous disais tout à l'heure que ce pays, cette Afrique nue, sans arts, vide de toutes les joies intelligentes, fait peu à peu la conquête de notre chair par un charme inconnaissable et sûr, par la caresse de l'air, par la douceur constante des aurores et des soirs, par sa lumière délicieuse, par le bien-être discret dont elle baigne tous nos organes ! Eh bien ! Allouma me prit de là même façon, par mille attraits cachés, captivants et physiques, par la séduction pénétrante non point de ses embrassements, car elle était d'une nonchalance tout orientale, mais de ses doux abandons.*

« *Je la laissais absolument libre d'aller et de venir à sa guise et elle passait au moins une après-midi sur deux dans le campement voisin, au milieu des femmes de mes agriculteurs indigènes. Souvent aussi, elle demeurait, durant une journée presque entière, à se mirer dans l'armoire à glace en acajou que j'avais fait venir de Miliana. Elle s'admirait en toute conscience, debout, devant la grande porte de verre où elle suivait ses mouvements avec une attention profonde et grave. Elle marchait la tête un peu penchée en arrière, pour juger ses hanches et ses reins, tournait, s'éloignait, se rapprochait, puis, fatiguée enfin de se mouvoir, elle s'asseyait sur un coussin et demeurait en face d'elle-même, les yeux dans ses yeux, le visage sévère, l'âme noyée dans cette contemplation.*

« *Bientôt, je m'aperçus qu'elle sortait presque chaque jour après le déjeuner, et qu'elle disparaissait complètement jusqu'au soir.*

« *Un peu inquiet, je demandai à Mohammed s'il savait ce qu'elle pouvait faire pendant ces longues heures d'absence. Il répondit avec tranquillité :*

« *— Ne te tourmente pas, c'est bientôt le Ramadan. Elle doit aller à ses dévotions.* »

« *Lui aussi semblait ravi de la présence d'Allouma dans la maison ; mais pas une fois je ne surpris entre eux le moindre signe un peu suspect ; pas une fois, ils n'eurent l'air de se cacher de moi, de s'entendre, de me dissimuler quelque chose.*

« *J'acceptais donc la situation telle quelle sans la comprendre, laissant agir le temps, le hasard et la vie.*

« *Souvent, après l'inspection de mes terres, de mes vignes, de mes défrichements, je faisais à pied de grandes promenades. Vous connaissez les superbes forêts de cette partie de l'Algérie, ces ravins presque impénétrables où les sapins abattus barrent les torrents, et ces petits vallons de lauriers-roses qui, du haut des montagnes, semblent des tapis d'Orient étendus le long des cours d'eau. Vous savez qu'à tout moment, dans ces bois et sur ces côtes, où on croirait que personne jamais n'a pénétré, on rencontre tout à coup le dôme de neige d'une koubba renfermant les os d'un humble marabout, d'un marabout isolé, à peine visité de temps en temps par quelques fidèles obstinés, venus du douar voisin avec une bougie dans leur poche pour l'allumer sur le tombeau du saint.*

« *Or, un soir, comme je rentrais, je passai auprès d'une de ces chapelles mahométanes, et ayant jeté un regard par la porte toujours ouverte, je vis qu'une femme priait devant la relique. C'était un tableau charmant, cette Arabe assise par terre, dans cette chambre délabrée, où le vent entrait à son gré et amassait dans les coins, en tas jaunes, les fines aiguilles sèches tombées des pins. Je m'approchai pour mieux regarder, et je reconnus Allouma. Elle ne me vit pas, ne m'entendit point, absorbée tout entière par le souci du saint; et elle parlait à mi-voix, elle lui parlait, se croyant bien seule avec lui, racontant au serviteur de Dieu toutes ses préoccupations. Parfois elle se taisait un peu pour méditer, pour chercher ce qu'elle avait encore à dire, pour ne rien oublier de sa provision de confidences ; et parfois aussi elle s'animait comme s'il lui eût répondu, comme s'il lui eût conseillé une chose qu'elle ne voulait point faire et qu'elle combattait avec des raisonnements.*

« Je m'éloignai, sans bruit, ainsi que j'étais venu, et je rentrai pour dîner. Le soir, je la fis venir et je la vis entrer avec un air soucieux qu'elle n'avait point d'ordinaire.

« — Assieds-toi là, lui dis-je en lui montrant sa place sur le divan, à mon côté. »

« Elle s'assit et comme je me penchais vers elle pour l'embrasser, elle éloigna sa tête avec vivacité.

« Je fus stupéfait et je demandai :

« — Eh bien, qu'y a-t-il ?

« — C'est Ramadan, dit-elle. »

« Je me mis à rire.

« — Et le marabout t'a défendu de te laisser embrasser pendant le Ramadan ?

« — Oh ! oui, je suis une Arabe et tu es un Roumi.

« — Ce serait un gros péché ?

« — Oh ! oui.

« — Alors tu n'as rien mangé de la journée, jusqu'au coucher du soleil ?

« — Non, rien.

« — Mais au soleil couché tu as mangé ?

« — Oui.

« — Eh bien, puisqu'il fait nuit tout à fait, tu ne peux pas être plus sévère pour le reste que pour la bouche. »

« *Elle semblait crispée, froissée, blessée, et elle reprit avec une hauteur que je ne lui connaissais pas :*

« — *Si une fille arabe se laissait toucher par un Roumi pendant le Ramadan, elle serait maudite pour toujours.*

« — *Et cela va durer tout le mois.* »

« *Elle répondit avec conviction :*

« — *Oui, tout le mois de Ramadan.* »

« *Je pris un air irrité et je lui dis :*

« — *Eh bien, tu peux aller le passer dans ta famille, le Ramadan.* »

« *Elle saisit mes mains et les portant sur son cœur :*

« — *Oh ! je te prie, ne sois pas méchant, tu verras comme je serai gentille. Nous ferons Ramadan ensemble, veux–tu ? Je te soignerai, je te gâterai, mais ne sois pas méchant.* »

« *Je ne pus m'empêcher de sourire tant elle était drôle et désolée, et je l'envoyai coucher chez elle.*

« *Une heure plus tard, comme j'allais me mettre au lit, deux petits coups furent frappés à ma porte, si légers que je les entendis à peine.*

« *Je criai :* « *Entrez* » *et je vis apparaître Allouma portant devant elle un grand plateau chargé de friandises arabes, de croquettes sucrées, frites et sautées, de toute une pâtisserie bizarre de nomade. Elle riait, montrant ses belles dents, et elle répéta :*

« — *Nous allons faire Ramadan ensemble.* »

« *Vous savez que le jeûne, commencé à l'aurore et terminé au crépuscule, au moment où l'œil ne distingue plus un fil blanc d'un fil noir, est suivi chaque soir de petites fêtes intimes où on mange jusqu'au matin. Il en résulte que, pour les indigènes peu scrupuleux, le Ramadan consiste à faire du jour la nuit, et de la nuit le jour. Mais Allouma poussait plus loin la délicatesse de conscience. Elle installa son plateau entre nous deux, sur le divan, et prenant avec ses longs doigts minces une petite boulette poudrée, elle me la mit dans la bouche en murmurant :*

« — *C'est bon, mange.* »

« *Je croquai le léger gâteau, qui était excellent en effet, et je lui demandai :*

« — *C'est toi qui as fait ça ?*

« — *Oui, c'est moi.*

« — *Pour moi ?*

« — *Oui, pour toi.*

« — *Pour me faire supporter le Ramadan.*

« — *Oui, ne sois pas méchant ! Je t'en apporterai tous les jours.* »

« *Oh ! le terrible mois que je passai là ! un mois sucré, douceâtre, enrageant, un mois de gâteries et de tentations, de colères et d'efforts vains contre une invincible résistance.*

« *Puis, quand arrivèrent les trois jours du Beïram, je les célébrai à ma façon et le Ramadan fut oublié.*

« *L'été s'écoula, il fut très chaud. Vers les premiers jours de l'automne, Allouma me parut préoccupée, distraite, désintéressée de tout.*

« *Or, un soir, comme je la faisais appeler, on ne la trouva point dans sa chambre. Je pensai qu'elle rôdait dans la maison et j'ordonnai qu'on la cherchât. Elle n'était pas rentrée ; j'ouvris la fenêtre et je criai :*

« — *Mohammed.* »

« *La voix de l'homme couché sous sa tente répondit :*

« — *Oui, moussié.*

« — *Sais-tu où est Allouma ?*

« — *Non, moussié — pas possible — Allouma perdu ?*

« *Quelques secondes après, mon Arabe entrait chez moi, tellement ému qu'il ne maîtrisait point son trouble. Il demanda :*

« — *Allouma perdu ?*

« — *Mais oui, Allouma perdu.*

« — *Pas possible ?*

« — *Cherche, lui dis-je ?* »

« *Il restait debout, songeant, cherchant, ne comprenant pas.*
Puis, il entra dans la chambre vide où les vêtements d'Allouma
traînaient dans un désordre oriental. Il regarda tout comme un
policier, ou plutôt il flaira comme un chien; puis, incapable d'un
long effort, il murmura avec résignation :

« — *Parti, il est parti !* »

« *Moi je craignais un accident, une chute, une entorse au*
fond d'un ravin, et je fis mettre sur pied tous les hommes du
campement avec ordre de la chercher jusqu'à ce qu'on l'eût
retrouvée.

« *On la chercha toute la nuit, on la chercha le lendemain, on*
la chercha toute la semaine. Aucune trace ne fut découverte
pouvant mettre sur la piste. Moi je souffrais ; elle me manquait ;
ma maison me semblait vide et mon existence déserte. Puis des
idées inquiétantes me passaient par l'esprit. Je craignais qu'on
l'eût enlevée, ou assassinée peut-être. Mais comme j'essayais
toujours d'interroger Mohammed et de lui communiquer mes
appréhensions, il répondait sans varier :

« — *Non, parti.* »

« *Puis il ajoutait le mot arabe « r'ézalè » qui veut dire*
« *gazelle* », *comme pour exprimer qu'elle courait vite et qu'elle*
était loin.

« *Trois semaines se passèrent et je n'espérais plus revoir*
jamais ma maîtresse arabe, quand, un matin, Mohammed, les
traits éclairés par la joie, entra chez moi et me dit :

« — *Moussié, Allouma il est revenu.* »

« *Je sautai du lit et je demandai :*

« — *Où est-elle ?*

« — *N'ose pas venir ! Là-bas, sous l'arbre !* » *Et de son*
bras tendu, il me montrait par la fenêtre une tache blanchâtre au
pied d'un olivier.

« *Je me levai et je sortis. Comme j'approchais de ce paquet* de linge qui semblait jeté contre le tronc tordu, je reconnus les grands yeux sombres, les étoiles tatouées, la figure longue et régulière de la fille sauvage qui m'avait séduit. A mesure que j'avançais, une colère me soulevait, une envie de frapper, de la faire souffrir, de me venger.

« Je criai de loin :

« — D'où viens-tu ?

« Elle ne répondit pas et demeurait immobile, inerte, comme si elle ne vivait plus qu'à peine, résignée à mes violences, prête aux coups.

« J'étais maintenant debout tout près d'elle, contemplant avec stupeur les haillons qui la couvraient, ces loques de soie et de laine, grises de poussière, déchiquetées, sordides.

« Je répétai, la main levée comme sur un chien :

« — D'où viens-tu ? »

« Elle murmura :

« — De là-bas !

«   D'où ?

« — De la tribu !

« — De quelle tribu ?

« — De la mienne.

« — Pourquoi es-tu partie ? »

« Voyant que je ne la battais point, elle s'enhardit un peu, et, à voix basse :

« — Il fallait... il fallait... je ne pouvais plus vivre dans la maison. »

« Je vis des larmes dans ses yeux, et tout de suite, je fus attendri comme une bête. Je me penchai vers elle, et j'aperçus, en me retournant pour m'asseoir, Mohammed qui nous épiait, de loin.

« Je repris, très doucement :

« — Voyons, dis-moi pourquoi tu es partie ? »

« Alors elle me conta que depuis longtemps déjà elle éprouvait, en son cœur de nomade, l'irrésistible envie de retourner sous les tentes, de coucher, de courir, de se rouler sur le sable, d'errer, avec les troupeaux, de plaine en plaine, de ne plus sentir sur sa tête, entre les étoiles jaunes du ciel et les étoiles bleues de sa face, autre chose que le mince rideau de toile usée et recousue à travers lequel on aperçoit des grains de feu quand on se réveille dans la nuit.

« Elle me fit comprendre cela en termes naïfs et puissants, si justes, que je sentis bien qu'elle ne mentait pas, que j'eus pitié d'elle, et que je lui demandai :

« Pourquoi ne m'as-tu pas dit que tu désirais t'en aller pendant quelque temps ?

« Parce que tu n'aurais pas voulu...

« — Tu m'aurais promis de revenir et j'aurais consenti.

« — Tu n'aurais pas cru. »

« Voyant que je n'étais pas fâché, elle riait, et elle ajouta :

« — Tu vois, c'est fini, je suis retournée chez moi et me voici. Il me fallait seulement quelques jours de là-bas. J'ai assez maintenant, c'est fini, c'est passé, c'est guéri. Je suis revenue, je n'ai plus mal. Je suis très contente. Tu n'es pas méchant.

« — Viens à la maison, lui dis-je. »

« Elle se leva. Je pris sa main, sa main fine aux doigts minces ; et triomphante en ses loques, sous la sonnerie de ses anneaux, de ses bracelets, de ses colliers et de ses plaques, elle marcha gravement vers ma demeure, où nous attendait Mohammed.

« Avant d'entrer, je repris :

« — Allouma, toutes les fois que tu voudras retourner chez toi, tu me préviendras et je te le permettrai. »

« Elle demanda, méfiante :

« — Tu promets ?

« — Oui, je promets.

« — Moi aussi, je promets. Quand j'aurai mal, — et elle

*posa ses deux mains sur son front avec un geste magnifique, —
je te dirai : « Il faut que j'aille là-bas » et tu me laisseras
partir, »*

« *Je l'accompagnai dans sa chambre, suivi de Mohammed
qui portait de l'eau, car on n'avait pu prévenir encore la femme
d'Abd-el-Kader-el-Hadara du retour de sa maîtresse.*

« *Elle entra, aperçut l'armoire à glace et, la figure illuminée, courut vers elle comme on s'élance vers une mère retrouvée.
Elle se regarda quelques secondes, fit la moue, puis d'une voix
un peu fâchée, dit au miroir :*

« *— Attends, j'ai des vêtements de soie dans l'armoire. Je
serai belle tout à l'heure. »*

« *Et je la laissai seule, faire la coquette devant elle-même.*

« *Notre vie recommença comme auparavant et, de plus
en plus, je subissais l'attrait bizarre, tout physique, de cette
fille pour qui j'éprouvais en même temps une sorte de dédain
paternel.*

« *Pendant six mois tout alla bien, puis je sentis qu'elle rede-
venait nerveuse, agitée, un peu triste. Je lui dis, un jour :*

« *— Est-ce que tu veux retourner chez toi ?*

« *— Oui, je veux.*

« *— Tu n'osais pas me le dire ?*

« *— Je n'osais pas.*

« *— Va, je permets. »*

« *Elle saisit mes mains et les baisa comme elle faisait en tous
ses élans de reconnaissance, et, le lendemain, elle avait disparu.*

« *Elle revint, comme la première fois, au bout de trois
semaines environ, toujours déguenillée, noire de poussière et de
soleil, rassasiée de vie nomade, de sable et de liberté. En deux
ans elle retourna ainsi quatre fois chez elle.*

« *Je la reprenais gaîment, sans jalousie, car pour moi la
jalousie ne peut naître que de l'amour, tel que nous le compre-*

nons chez nous. Certes, j'aurais fort bien pu la tuer si je l'avais surprise me trompant, mais je l'aurais tuée un peu comme on assomme, par pure violence, un chien qui désobéit. Je n'aurais pas senti ces tourments, ce feu rongeur, ce mal horrible, la jalousie du Nord. Je viens de dire que j'aurais pu la tuer comme on assomme un chien qui désobéit! Je l'aimais en effet, un peu comme on aime un animal très rare, chien ou cheval, impossible à remplacer. C'était une bête admirable, une bête sensuelle, une bête à plaisir, qui avait un corps de femme.

« Je ne saurais vous exprimer quelles distances incommensurables séparaient nos âmes, bien que nos cœurs, peut-être, se fussent frôlés, échauffés l'un l'autre, par moments. Elle était quelque chose de ma maison, de ma vie, une habitude fort agréable à laquelle je tenais et qu'aimait en moi l'homme charnel, celui qui n'a que des yeux et des sens.

« Or, un matin, Mohammed entra chez moi avec une figure singulière, ce regard inquiet des Arabes qui ressemble au regard fuyant d'un chat en face d'un chien.

« Je lui dis, en apercevant cette figure :
« — Hein? qu'y a-t-il?
« — Allouma il est parti. »
« Je me mis à rire.
« — Parti, où ça?
« — Parti tout à fait, moussié!
« — Comment, parti tout à fait?
« — Oui, moussié.
« — Tu es fou, mon garçon?
« — Non, moussié.
« — Pourquoi ça, parti? Comment? Voyons? Explique-toi! »

« Il demeurait immobile, ne voulant pas parler; puis, soudain, il eut une de ces explosions de colère arabe qui nous

*arrêtent dans les rues des villes devant deux énergumènes,
dont le silence et la gravité orientales font place brusquement
aux plus extrêmes gesticulations et aux vociférations les plus
féroces.*

« *Et je compris au milieu de ces cris qu'Allouma s'était enfuie
avec mon berger.*

« *Je dus calmer Mohammed et tirer de lui, un à un, des
détails. Ce fut long ; j'appris enfin que depuis huit jours il épiait
ma maîtresse, qui avait des rendez-vous, derrière les bois de
cactus voisins ou dans le ravin de lauriers-roses, avec une sorte
de vagabond, engagé comme berger par mon intendant, à la fin
du mois précédent.*

« *La nuit dernière, Mohammed l'avait vue sortir sans la voir
rentrer ; et il répétait, d'un air exaspéré :*

« — *Parti, moussié, il est parti !* »

« *Je ne sais pourquoi, mais sa conviction, la conviction
de cette fuite avec ce rôdeur, était entrée en moi, en une
seconde, absolue, irrésistible. Cela était absurde, invraisemblable
et certain, en vertu de l'irraisonnable qui est la seule logique des
femmes.*

« *Le cœur serré, une colère dans le sang, je cherchais à me
rappeler les traits de cet homme, et je me souvins tout à coup que
je l'avais vu, l'autre semaine, debout sur une butte de terre,
au milieu de son troupeau, et me regardant. C'était une sorte
de grand bédouin dont la couleur des membres nus se con-
fondait avec celle des haillons, un type de brute barbare aux
pommettes saillantes, au nez crochu, au menton fuyant, aux
jambes sèches, une haute carcasse en guenilles avec des yeux
faux de chacal.*

« *Je ne doutais point, — oui, — elle avait fui avec ce gueux.
Pourquoi ? Parce qu'elle était Allouma, une fille du sable. Une
autre, à Paris, fille du trottoir, aurait fui avec mon cocher ou
avec un rôdeur de barrière.*

« — C'est bon, dis-je à Mohammed. Si elle est partie, tant
pis pour elle. J'ai des lettres à écrire. Laisse-moi seul. »

« Il s'en alla, surpris de mon calme. Moi, je me levai, j'ouvris
ma fenêtre et je me mis à respirer par grands souffles, qui m'en
traient au fond de la poitrine, l'air étouffant venu du sud, car le
siroco soufflait.

« Puis je pensai : « Mon Dieu, c'est une... une femme,
comme bien d'autres. Sait-on... sait-on ce qui les fait agir, ce qui
les fait aimer, suivre ou lâcher un homme ? »

« Oui, on sait quelquefois, — souvent, on ne sait pas. Par
moments, on doute.

« Pourquoi a-t-elle disparu avec cette brute répugnante ?
Pourquoi ? Peut-être parce que depuis un mois le vent vient du
Sud presque régulièrement.

Cela suffit, un souffle ! Sait-elle, savent-elles, le plus souvent, même les plus fines et les plus compliquées, pourquoi elles
agissent ? Pas plus qu'une girouette qui tourne au vent. Une brise
insensible fait pivoter la flèche de fer, de cuivre, de tôle ou de bois,
de même qu'une influence imperceptible, une impression insaisis
sable remue et pousse aux résolutions le cœur changeant des
femmes, qu'elles soient des villes, des champs, des faubourgs ou
du désert.

« Elles peuvent sentir ensuite, si elles raisonnent et compren-
nent, pourquoi elles ont fait ceci plutôt que cela ; mais sur le
moment elles l'ignorent, car elles sont les jouets de leur sensibilité
à surprises, les esclaves étourdies des événements, des milieux, des
émotions, des rencontres et de tous les effleurements dont tressaille
leur âme et leur chair ! »

M. Auballe s'était levé. Il fit quelques pas, me regarda, et dit
en souriant :

« Voilà un amour dans le désert ! »
Je demandai :

« *Si elle revenait ?* »

Il murmura :

« *Sale fille !... Cela me ferait plaisir tout de même.*

— *Et vous pardonneriez le berger ?*

— *Mon Dieu, oui. Avec les femmes, il faut toujours par-*
donner... ou ignorer. »

CE CONTE D'*ALLOUMA*

a été imprimé

sur les presses à bras de l'ANCIENNE MAISON QUANTIN

avec les caractères neufs de la fonderie PEIGNOT

et sur papier filigrané fabriqué par MM. MASURE et PERRIGOT

ce *5 février 1892*

A PARIS

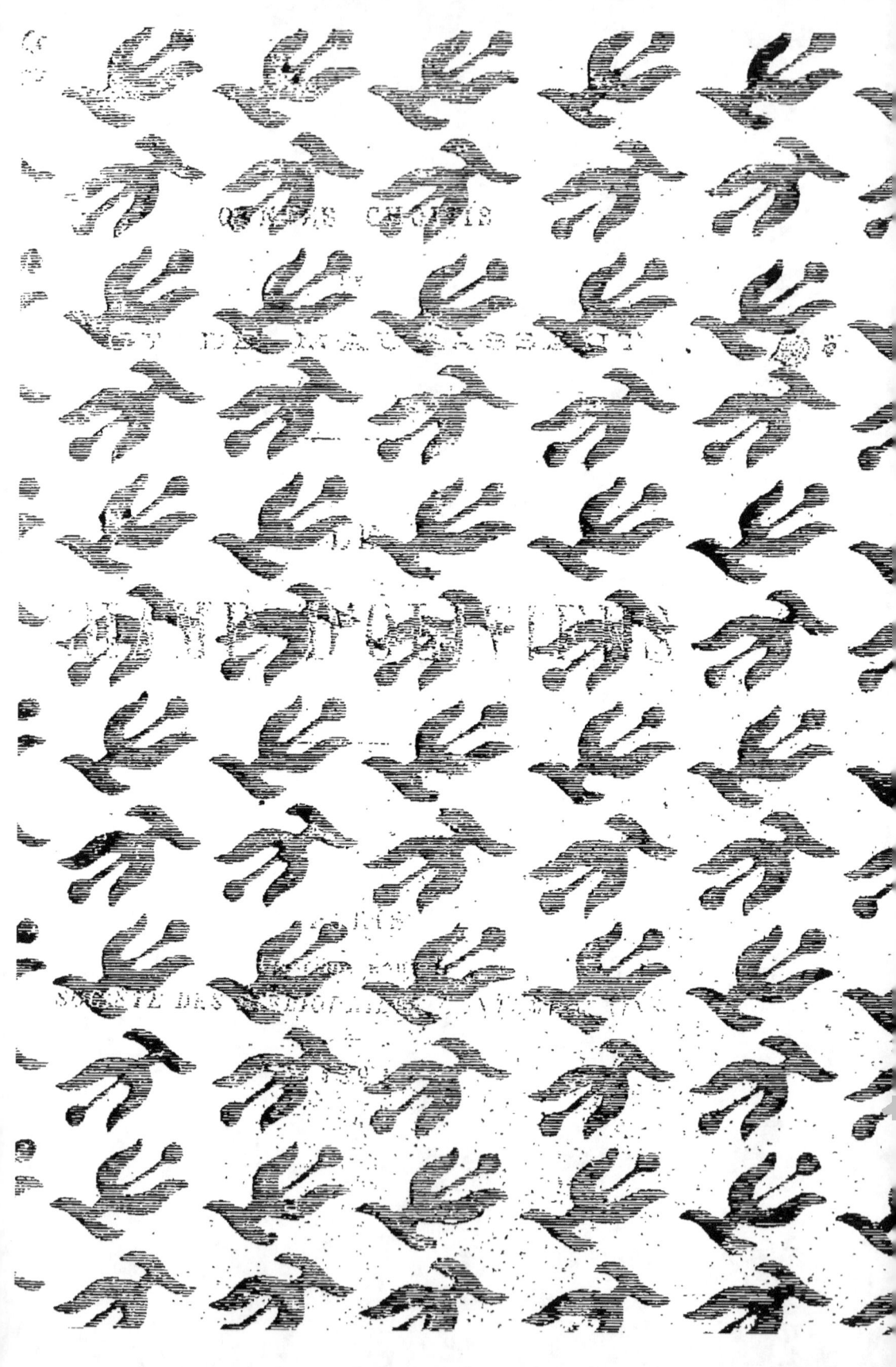

LE

CHAMP D'OLIVIERS

Le présent conte de GUY DE MAUPASSANT

LE CHAMP D'OLIVIERS

a été illustré par M. PAUL GERVAIS

dont les tableaux à l'huile ont été héliogravés et tirés en taille-douce

par MM. BOUSSOD et VALADON

le texte a été tiré sur les presses à bras

de l'ANCIENNE MAISON QUANTIN

Le tout sous la direction

du fondateur-président OCTAVE UZANNE

CONTES CHOISIS

DE

GUY DE MAUPASSANT

·LE

CHAMP D'OLIVIERS

PARIS

Imprimé pour la

SOCIÉTÉ DES BIBLIOPHILES CONTEMPORAINS

1892

LE CHAMP D'OLIVIERS

I

Q uand les hommes du port, du petit port provençal de Garandou, au fond de la baie Pisca, entre Marseille et Toulon, aperçurent la barque de l'abbé Vilbois qui revenait de la pêche, ils descendirent sur la plage pour aider à tirer le bateau.

L'abbé était seul dedans, et il ramait comme un vrai marin, avec une énergie rare malgré ses cinquante-huit ans. Les manches retroussées sur des bras musculeux, la soutane relevée en bas et serrée entre les genoux, un peu déboutonnée sur la poitrine, son tricorne sur le banc à son côté, et la tête coiffée d'un chapeau cloche en liège recouvert de toile blanche, il avait l'air d'un solide et bizarre ecclésiastique des pays chauds, fait pour les aventures plus que pour dire la messe.

De temps en temps, il regardait derrière lui pour bien reconnaître le point d'abordage, puis il recommençait à tirer, d'une façon rythmée, méthodique et forte, pour montrer, une fois de plus, à ces mauvais matelots du Midi, comment nagent les hommes du

*Nord. La barque lancée toucha le sable et glissa dessus comme si
elle allait gravir toute la plage en y enfonçant sa quille; puis elle
s'arrêta net, et les cinq hommes qui regardaient venir le curé
s'approchèrent, affables, contents, sympathiques au prêtre.*

*« Eh ben ! dit l'un avec son fort accent de Provence, bonne
pêche, monsieur le curé. »*

*L'abbé Vilbois rentra ses avirons, retira son chapeau cloche
pour se couvrir de son tricorne, abaissa ses manches sur ses bras,
reboutonna sa soutane ; puis, ayant repris sa tenue et sa prestance
de desservant du village, il répondit avec fierté :*

*« Oui, oui, très bonne, trois loups, deux murènes et quelques
girelles. »*

*Les cinq pêcheurs s'étaient approchés de la barque, et penchés
au-dessus du bordage, ils examinaient, avec un air de connais-
seurs, les bêtes mortes, les loups gras, les murènes à tête plate,
hideux serpents de mer, et les girelles violettes striées en zigzag
de bandes dorées de la couleur des peaux d'oranges.*

Un d'eux dit :

« Je vais vous porter ça dans votre bastide, monsieur le curé.

— Merci, mon brave. »

*Ayant serré les mains, le prêtre se mit en route, suivi d'un
homme et laissant les autres occupés à prendre soin de son embarcation.*

*Il marchait à grands pas lents, avec un air de force et de
dignité. Comme il avait encore chaud d'avoir ramé avec tant de
vigueur, il se découvrait par moments en passant sous l'ombre
légère des oliviers, pour livrer à l'air du soir, toujours tiède, mais
un peu calmé par une vague brise du large, son front carré,
couvert de cheveux blancs, droits et ras, un front d'officier
bien plus qu'un front de prêtre. Le village apparaissait sur une
butte, au milieu d'une large vallée descendant en plaine vers
la mer.*

C'était par un soir de juillet. Le soleil éblouissant, tout près

d'atteindre la crête dentelée de collines lointaines, allongeait en
biais sur la route blanche, ensevelie sous un suaire de poussière,
l'ombre interminable de l'ecclésiastique dont le tricorne démesuré
promenait dans le champ voisin une large tache sombre qui semblait jouer à grimper vivement sur tous les troncs d'oliviers
rencontrés, pour retomber aussitôt par terre, où elle rampait
entre les arbres.

Sous les pieds de l'abbé Vilbois, un nuage de poudre fine, de
cette farine impalpable dont sont couverts, en été, les chemins
provençaux, s'élevait, fumant autour de sa soutane qu'elle voilait
et couvrait, en bas, d'une teinte grise de plus en plus claire. Il
allait, rafraîchi maintenant et les mains dans ses poches, avec
l'allure lente et puissante d'un montagnard faisant une ascension.
Ses yeux calmes regardaient le village, son village où il était curé
depuis vingt ans, village choisi par lui, obtenu par grande faveur,
où il comptait mourir. L'église, son église, couronnait le large
cône des maisons entassées autour d'elle, de ses deux tours de
pierre brune, inégales et carrées, qui dressaient dans ce beau
vallon méridional leurs silhouettes anciennes, plus pareilles à des
défenses de château fort qu'à des clochers de monument sacré.

L'abbé était content, car il avait pris trois loups, deux
murènes et quelques girelles.

Il aurait ce nouveau petit triomphe auprès de ses paroissiens,
lui qu'on respectait surtout, parce qu'il était peut-être, malgré
son âge, l'homme le mieux musclé du pays. Ces légères vanités
innocentes étaient son plus grand plaisir. Il tirait au pistolet de
façon à couper des tiges de fleurs, faisait quelquefois des armes
avec le marchand de tabac, son voisin, ancien prévôt de régiment,
et il nageait mieux que personne sur la côte.

C'était d'ailleurs un ancien homme du monde, fort connu
jadis, fort élégant, le baron de Vilbois, qui s'était fait prêtre, à
trente-deux ans, à la suite d'un chagrin d'amour.

Issu d'une vieille famille picarde, royaliste et religieuse, qui

*depuis plusieurs siècles donnait ses fils à l'armée, à la magis-
trature ou au clergé, il songea d'abord à entrer dans les ordres
sur le conseil de sa mère, puis sur les instances de son père il se
décida à venir simplement à Paris faire son droit, et chercher
ensuite quelque grave fonction au Palais.*

*Mais pendant qu'il achevait ses études, son père succomba à
une pneumonie à la suite de chasses au marais, et sa mère, saisie
par le chagrin, mourut peu de temps après. Donc, ayant hérité
soudain d'une grosse fortune, il renonça à des projets de carrière
quelconque pour se contenter de vivre en homme riche.*

*Beau garçon, intelligent, bien que d'un esprit limité par des
croyances, des traditions et des principes, héréditaires comme ses
muscles de hobereau picard, il plut, il eut du succès dans le
monde sérieux, et goûta la vie en homme jeune, rigide, opulent et
considéré.*

*Mais voilà qu'à la suite de quelques rencontres chez un ami il
devint amoureux d'une jeune actrice, d'une toute jeune élève du
Conservatoire qui débutait avec éclat à l'Odéon.*

*Il en devint amoureux avec toute la violence, avec tout l'empor-
tement d'un homme né pour croire à des idées absolues. Il en
devint amoureux en la voyant à travers le rôle romanesque où
elle avait obtenu, le jour même où elle se montra pour la première
fois au public, un grand succès.*

*Elle était jolie, nativement perverse, avec un air d'enfant naïf
qu'il appelait son air d'ange. Elle sut le conquérir complètement,
faire de lui un de ces délirants forcenés, un de ces déments en
extase qu'un regard ou qu'une jupe de femme brûle sur le bûcher
des Passions Mortelles. Il la prit donc pour maîtresse, lui fit
quitter le théâtre, et l'aima, pendant quatre ans, avec une ardeur
toujours grandissante. Certes, malgré son nom et les traditions
d'honneur de sa famille, il aurait fini par l'épouser, s'il n'avait
découvert, un jour, qu'elle le trompait depuis longtemps avec
l'ami qui la lui avait fait connaître.*

Le drame fut d'autant plus terrible qu'elle était enceinte, et qu'il attendait la naissance de l'enfant pour se décider au mariage.

Quand il tint entre ses mains les preuves, des lettres, surprises dans un tiroir, il lui reprocha son infidélité, sa perfidie, son ignominie, avec toute la brutalité du demi-sauvage qu'il était.

Mais elle, enfant des trottoirs de Paris, impudente autant qu'impudique, sûre de l'autre homme comme de celui-là, hardie d'ailleurs comme ces filles du peuple qui montent aux barricades par simple crânerie, le brava et l'insulta; et comme il levait la main, elle lui montra son ventre.

Il s'arrêta, pâlissant, songea qu'un descendant de lui était là, dans cette chair souillée, dans ce corps vil, dans cette créature immonde, un enfant de lui! Alors il se rua sur elle pour les écraser tous les deux, anéantir cette double honte.

Elle eut peur, se sentant perdue, et comme elle roulait sous son poing, comme elle voyait son pied prêt à frapper par terre le flanc gonflé où vivait déjà un embryon d'homme, elle lui cria, les mains tendues pour arrêter les coups :

« Ne me tue point. Ce n'est pas à toi, c'est à lui. »

Il fit un bond en arrière, tellement stupéfait, tellement bouleversé que sa fureur resta suspendue comme son talon, et il balbutia :

« Tu..... tu dis? »

Elle, folle de peur tout à coup devant la mort entrevue dans les yeux et dans le geste terrifiants de cet homme, répéta :

« Ce n'est pas à toi, c'est à lui. »

Il murmura, les dents serrées, anéanti :

« L'enfant?

— Oui.

— *Tu mens.* »

Et, de nouveau, il commença le geste du pied qui va écraser quelqu'un, tandis que sa maîtresse, redressée à genoux, essayant de reculer, balbutiait toujours :

« *Puisque je te dis que c'est à lui. S'il était à toi, est-ce que je ne l'aurais pas eu depuis longtemps ?* »

Cet argument le frappa comme la vérité même. Dans un de ces éclairs de pensée où tous les raisonnements apparaissent en même temps avec une illuminante clarté, précis, irréfutables, concluants, irrésistibles, il fut convaincu, il fut sûr qu'il n'était point le père du misérable enfant de gueuse qu'elle portait en elle; et, soulagé, délivré, presque apaisé soudain, il renonça à détruire cette infâme créature.

Alors il lui dit d'une voix plus calme :

« *Lève-toi, va-t'en, et que je ne te revoie jamais.* »

Elle obéit, vaincue, et s'en alla.

Il ne la revit jamais.

Il partit de son côté. Il descendit vers le Midi, vers le soleil, et s'arrêta dans un village, debout au milieu d'un vallon, au bord de la Méditerranée.

Une auberge lui plut qui regardait la mer; il y prit une chambre et y resta.

Il y demeura dix-huit mois, dans le chagrin, dans le désespoir, dans un isolement complet. Il y vécut avec le souvenir dévorant de la femme traîtresse, de son charme, de son enveloppement, de son ensorcellement inavouable, et avec le regret de sa présence et de ses caresses.

Il errait par les vallons provençaux, promenant au soleil tamisé par les grisâtres feuillettes des oliviers, sa pauvre tête malade où vivait une obsession.

Mais ses anciennes idées pieuses, l'ardeur un peu calmée de sa foi première lui revinrent au cœur tout doucement dans cette solitude douloureuse.

La religion, qui lui était apparue autrefois comme un refuge contre la vie inconnue, lui apparaissait maintenant comme un refuge contre la vie trompeuse et torturante. Il avait conservé des habitudes de prière. Il s'y attacha dans son chagrin, et il allait souvent, au crépuscule, s'agenouiller dans l'église assombrie où brillait seul, au fond du chœur, le point de feu de la lampe, gardienne sacrée du sanctuaire, symbole de la présence divine.

Il confia sa peine à ce Dieu, à son Dieu, et lui dit toute sa misère. Il lui demandait conseil, pitié, secours, protection, consolation, et dans son oraison répétée chaque jour plus fervente, il mettait chaque fois une émotion plus forte.

Son cœur meurtri, rongé par l'amour d'une femme, restait ouvert et palpitant, avide toujours de tendresse; et peu à peu, à force de prier, de vivre en ermite avec des habitudes de piété grandissantes, de s'abandonner à cette communication secrète des âmes dévotes avec le Sauveur qui console et attire les misérables, l'amour mystique de Dieu entra en lui et vainquit l'autre.

Alors il reprit ses premiers projets, et se décida à offrir à l'Église une vie brisée qu'il avait failli lui donner vierge.

Il se fit donc prêtre.

Par sa famille, par ses relations il obtint d'être nommé desservant de ce village provençal où le hasard l'avait jeté, et, ayant consacré à des œuvres bienfaisantes une grande partie de sa fortune, n'ayant gardé que ce qui lui permettrait de demeurer jusqu'à sa mort utile et secourable aux pauvres, il se réfugia dans une existence calme de pratiques pieuses et de dévouement à ses semblables.

Il fut un prêtre à vues étroites, mais bon, une sorte de guide religieux à tempérament de soldat, un guide de l'église qui con-

duisait par force dans le droit chemin l'humanité errante, aveugle,
perdue en cette forêt de la vie où tous nos instincts, nos goûts, nos
désirs, sont des sentiers qui égarent. Mais beaucoup de l'homme
d'autrefois restait toujours vivant en lui. Il ne cessa pas d'aimer
les exercices violents, les nobles sports, les armes, et il détestait
les femmes, toutes, avec une peur d'enfant devant un mystérieux
danger.

II

Le matelot qui suivait le prêtre se sentait sur la langue une envie toute méridionale de causer. Il n'osait pas, car l'abbé exerçait sur ses ouailles un grand prestige. A la fin il s'y hasarda.

« Alors, dit-il, vous vous trouvez bien dans votre bastide, monsieur le curé. »

Cette bastide était une de ces maisons microscopiques où les Provençaux des villes et des villages vont se nicher, en été, pour prendre l'air. L'abbé avait loué cette case dans un champ, à cinq minutes de son presbytère, trop petit et emprisonné au centre de la paroisse, contre l'église.

Il n'habitait pas régulièrement, même en été, cette campagne ; il y allait seulement passer quelques jours de temps en temps, pour vivre en pleine verdure et tirer au pistolet.

« Oui, mon ami, dit le prêtre, je m'y trouve très bien. »

La demeure basse apparaissait bâtie au milieu des arbres,

3

peinte en rose, zébrée, hachée, coupée en petits morceaux par les branches et les feuilles des oliviers dont était planté le champ sans clôture où elle semblait poussée comme un champignon de Provence.

On apercevait aussi une grande femme qui circulait devant la porte en préparant une petite table à dîner où elle posait à chaque retour, avec une lenteur méthodique, un seul couvert, une assiette, une serviette, un morceau de pain, un verre à boire. Elle était coiffée du petit bonnet des Arlésiennes, cône pointu de soie ou de velours noir sur qui fleurit un champignon blanc.

Quand l'abbé fut à portée de la voix, il lui cria :

« Eh ! Marguerite ? »

Elle s'arrêta pour regarder, et reconnaissant son maître :

« Tè, c'est vous, monsieur le curé ?

— Oui. Je vous apporte une belle pêche, vous allez tout de suite me faire griller un loup, un loup au beurre, rien qu'au beurre, vous entendez ? »

La servante, venue au-devant des hommes, examinait d'un œil connaisseur les poissons portés par le matelot.

« C'est que nous avons déjà une poule au riz, dit-elle.

— Tant pis, le poisson du lendemain ne vaut pas le poisson sortant de l'eau. Je vais faire une petite fête de gourmand, ça ne m'arrive pas trop souvent ; et puis, le péché n'est pas gros. »

La femme choisissait le loup, et comme elle s'en allait en l'emportant, elle se retourna :

« Ah ! il est venu un homme vous chercher trois fois, monsieur le curé. »

Il demanda avec indifférence :

« Un homme ! Quel genre d'homme ?

— Mais un homme qui ne se recommande pas de lui-même.

— Quoi ! Un mendiant ?

— Peut-être, oui, je ne dis pas. Je croirais plutôt un maou-fatan. »

L'abbé Vilbois se mit à rire de ce mot provençal qui signifie malfaiteur, rôdeur de routes, car il connaissait l'âme timorée de Marguerite qui ne pouvait séjourner à la bastide sans s'imaginer tout le long des jours et surtout des nuits qu'ils allaient être assassinés.

Il donna quelques sous au marin qui s'en alla, et, comme il disait, ayant conservé toutes ses habitudes de soins et de tenue d'ancien mondain : — « Je vas me passer un peu d'eau sur le nez et sur les mains », — Marguerite lui cria de sa cuisine où elle grattait à rebours, avec un couteau, le dos du loup dont les écailles un peu tachées de sang se détachaient comme d'infimes piécettes d'argent.

« Tenez, le voilà! »

L'abbé vira vers la route et aperçut en effet un homme, qui lui parut, de loin, fort mal vêtu, et qui s'en venait, à petits pas, vers la maison. Il l'attendit, souriant encore de la terreur de sa domestique, et pensant : « Ma foi, je crois qu'elle a raison, il a bien l'air d'un maoufatan. »

L'inconnu approchait, les mains dans ses poches, les yeux sur le prêtre, sans se hâter. Il était jeune, portait toute la barbe blonde et frisée; et des mèches de cheveux se roulaient en boucles au sortir d'un chapeau de feutre mou, tellement sale et défoncé que personne n'en aurait pu deviner la couleur et la forme premières. Il avait un long pardessus marron, une culotte dentelée autour des chevilles, et il était chaussé d'espadrilles, ce qui lui donnait une démarche molle, muette, inquiétante, un pas imperceptible de rôdeur.

Quand il fut à quelques enjambées de l'ecclésiastique, il ôta la loque qui lui abritait le front, en se découvrant avec un air un peu théâtral, et montrant une tête flétrie, crapuleuse et jolie, chauve sur le sommet du crâne, marque de fatigue ou de débauche précoce, car cet homme assurément n'avait pas plus de vingt-cinq ans.

Le prêtre, aussitôt, se découvrit aussi, devinant et sentant que ce n'était pas là le vagabond ordinaire, l'ouvrier sans travail ou le repris de justice errant entre deux prisons et qui ne sait plus guère parler que le langage mystérieux des bagnes.

« Bonjour, monsieur le curé », dit l'homme. Le prêtre répondit simplement : « Je vous salue », ne voulant pas appeler « Monsieur » ce passant suspect et haillonneux. Ils se contemplaient fixement et l'abbé Vilbois, devant le regard de ce rôdeur, se sentait troublé, ému comme en face d'un ennemi inconnu, envahi par une de ces inquiétudes étranges qui se glissent en frissons dans la chair et dans le sang.

A la fin, le vagabond reprit :

« Eh bien ! me reconnaissez-vous ? »

Le prêtre, très étonné, répondit :

« Moi, pas du tout, je ne vous connais point.

— Ah ! vous ne me connaissez point. Regardez-moi davantage.

— J'ai beau vous regarder, je ne vous ai jamais vu.

— Ça, c'est vrai, reprit l'autre, ironique ; mais je vais vous montrer quelqu'un que vous connaissez mieux. »

Il se recoiffa et déboutonna son pardessus. Sa poitrine était nue dedans. Une ceinture rouge, roulée autour de son ventre maigre, retenait sa culotte au-dessus de ses hanches.

Il prit dans sa poche une enveloppe, une de ces invraisemblables enveloppes que toutes les taches possibles ont marbrées, une de ces enveloppes qui gardent, dans les doublures des gueux errants, les papiers quelconques, vrais ou faux, volés ou légitimes, précieux défenseurs de la liberté contre le gendarme rencontré. Il en tira une photographie, une de ces cartes grandes comme une lettre, qu'on faisait souvent autrefois, jaunie, fatiguée, traînée longtemps partout, chauffée contre la chair de cet homme et ternie par sa chaleur.

Alors, l'élevant à côté de sa figure, il demanda :

« Et celui-là, le connaissez-vous ? »

L'abbé fit deux pas pour mieux voir et demeura pâlissant,

bouleversé, car c'était son propre portrait, fait pour Elle, à l'époque lointaine de son amour.

Il ne répondait rien, ne comprenant pas.

Le vagabond répéta :

« Le reconnaissez-vous, celui-là ? »

Et le prêtre balbutia :

« Mais oui.

— Qui est-ce ?

— C'est moi.

— C'est bien vous ?

— Mais oui.

— Eh bien ! regardez-nous tous les deux, maintenant, votre portrait et moi ? »

Il avait vu déjà, le misérable homme, il avait vu que ces deux êtres, celui de la carte et celui qui riait à côté, se ressemblaient comme deux frères, mais il ne comprenait pas encore, et il bégaya :

« Que me voulez-vous, enfin ? »

Alors, le gueux, d'une voix méchante :

« Ce que je veux, mais je veux que vous me reconnaissiez d'abord.

— Qui êtes-vous donc ?

— Ce que je suis ? Demandez-le à n'importe qui sur la route, demandez-le à votre bonne, allons le demander au maire du pays si vous voulez, en lui montrant ça ; et il rira bien, c'est moi qui vous le dis. Ah ! vous ne voulez pas reconnaître que je suis votre fils, papa curé ? »

Alors le vieillard, levant ses bras en un geste biblique et désespéré, gémit :

« Ça n'est pas vrai. »

Le jeune homme s'approcha tout contre lui, face à face.

« Ah ! ça n'est pas vrai. Ah ! l'abbé, il faut cesser de mentir, entendez-vous ? »

Il avait une figure menaçante et les poings fermés, et il parlait avec une conviction si violente, que le prêtre, reculant toujours, se demandait lequel des deux se trompait en ce moment.

Encore une fois, cependant, il affirma :

« Je n'ai jamais eu d'enfant. »

L'autre ripostant :

« Et pas de maîtresse, peut-être ? »

Le vieillard prononça résolument un seul mot, un fier aveu :

« Si.

— Et cette maîtresse n'était pas grosse quand vous l'avez chassée ? »

Soudain, la colère ancienne, étouffée vingt-cinq ans plus tôt, non pas étouffée, mais murée au fond du cœur de l'amant, brisa les voûtes de foi, de dévotion résignée, de renoncement à tout, qu'il avait construites sur elle, et, hors de lui, il cria :

« Je l'ai chassée parce qu'elle m'avait trompé et qu'elle portait en elle l'enfant d'un autre, sans quoi, je l'aurais tuée, monsieur, et vous avec elle. »

Le jeune homme hésita, surpris à son tour par l'emportement sincère du curé, puis il répliqua plus doucement :

« Qui vous a dit ça que c'était l'enfant d'un autre ?

— Mais elle, elle-même, en me bravant. »

Alors, le vagabond, sans contester cette affirmation, conclut avec un ton indifférent de voyou qui juge une cause :

« Eh ben ! c'est maman qui s'est trompée en vous narguant, v'là tout. »

Redevenant aussi plus maître de lui, après ce mouvement de fureur, l'abbé, à son tour, interrogea :

« Et qui vous a dit, à vous, que vous étiez mon fils ?

— Elle, en mourant, m'sieu l'curé... Et puis ça ! »

Et il tendait, sous les yeux du prêtre, la petite photographie.

Le vieillard la prit, et lentement, longuement, le cœur soulevé d'angoisse, il compara ce passant inconnu avec son ancienne image, et il ne douta plus, c'était bien son fils.

Une détresse emporta son âme, une émotion inexprimable, affreusement pénible, comme le remords d'un crime ancien. Il comprenait un peu, il devinait le reste, il revoyait la scène brutale de la séparation. C'était pour sauver sa vie, menacée par l'homme outragé, que la femme, la trompeuse et perfide femelle, lui avait jeté ce mensonge. Et le mensonge avait réussi. Et un fils de lui était né, avait grandi, était devenu ce sordide coureur de routes, qui sentait le vice comme un bouc sent la bête.

Il murmura :

« Voulez-vous faire quelques pas avec moi, pour nous expliquer davantage ? »

L'autre se mit à ricaner.

« Mais, parbleu ! C'est bien pour cela que je suis venu. »

Ils s'en allèrent ensemble, côte à côte, par le champ d'oliviers. Le soleil avait disparu. La grande fraîcheur des crépuscules du Midi étendait sur la campagne un invisible manteau froid. L'abbé frissonnait, et levant soudain les yeux, dans un mouvement habituel d'officiant, il aperçut partout autour de lui, tremblotant sur le ciel, le petit feuillage grisâtre de l'arbre sacré qui avait abrité sous son ombre frêle la plus grande douleur, la seule défaillance du Christ.

Une prière jaillit de lui, courte et désespérée, faite avec cette voix intérieure qui ne passe point par la bouche et dont les croyants implorent le Sauveur : « Mon Dieu, secourez-moi. »

Puis se tournant vers son fils :

« Alors, votre mère est morte ? »

Un nouveau chagrin s'éveillait en lui, en prononçant ces paroles : « Votre mère est morte » et crispait son cœur, une étrange misère de la chair de l'homme qui n'a jamais fini d'oublier, et un cruel écho de la torture qu'il avait subie, mais plus encore peut-être, puisqu'elle était morte, un tressaillement de ce *délirant et court bonheur de jeunesse dont rien maintenant ne restait plus que la plaie de son souvenir.*

Le jeune homme répondit :

« Oui, monsieur le curé, ma mère est morte.

— Y a-t-il longtemps ?

— Oui, trois ans déjà. »

Un doute nouveau envahit le prêtre.

« Et comment n'êtes-vous pas venu me trouver plus tôt ? »

L'autre hésita.

« Je n'ai pas pu. J'ai eu des empêchements… Mais, pardonnez-moi d'interrompre ces confidences que je vous ferai plus tard, aussi détaillées qu'il vous plaira, pour vous dire que je n'ai rien mangé depuis hier matin. »

Une secousse de pitié ébranla tout le vieillard, et, tendant brusquement les deux mains :

« Oh ! mon pauvre enfant », dit-il.

Le jeune homme reçut ces grandes mains tendues, qui enveloppèrent ses doigts, plus minces, tièdes et fiévreux.

Puis il répondit avec cet air de blague qui ne quittait guère ses lèvres :

« Eh ben ! vrai, je commence à croire que nous nous entendrons tout de même. »

Le curé se mit à marcher.

« Allons dîner », dit-il.

Il songeait soudain, avec une petite joie instinctive, confuse et bizarre, au beau poisson pêché par lui, qui, joint à la poule au riz, ferait, ce jour-là, un bon repas pour ce misérable enfant.

L'Arlésienne, inquiète et déjà grondeuse, attendait devant la porte.

« Marguerite, cria l'abbé, enlevez la table et portez-la dans la salle, bien vite, bien vite, et mettez deux couverts, mais bien vite ! »

La bonne restait effarée, à la pensée que son maître allait dîner avec ce malfaiteur.

Alors, l'abbé Vilbois se mit lui-même à desservir et à transporter, dans l'unique pièce du rez-de-chaussée, le couvert préparé pour lui.

Cinq minutes plus tard, il était assis, en face du vagabond, devant une soupière pleine de soupe aux choux, qui faisait monter, entre leurs visages, un petit nuage de vapeur bouillante.

III

Quand les assiettes furent pleines, le rôdeur se mit à avaler sa soupe avidement par cuillerées rapides. L'abbé n'avait plus faim, et il humait seulement avec lenteur le savoureux bouillon des choux, laissant le pain au fond de son assiette.

Tout à coup il demanda :

« Comment vous appelez-vous ? »

L'homme rit, satisfait d'apaiser sa faim.

« Père inconnu, dit-il, pas d'autre nom de famille que celui de ma mère que vous n'aurez probablement pas encore oublié. J'ai, par contre, deux prénoms qui ne me vont guère, entre paren-thèses, « Philippe-Auguste ».

L'abbé pâlit et demanda, la gorge serrée :

« Pourquoi vous a-t-on donné ces prénoms ? »

Le vagabond haussa les épaules.

« Vous devez bien le deviner. Après vous avoir quitté, maman a voulu faire croire à votre rival que j'étais à lui, et il l'a cru à

peu près jusqu'à mon âge de quinze ans. Mais, à ce moment-là,
j'ai commencé à vous ressembler trop. Et il m'a renié, la canaille.
On m'avait donc donné ses deux prénoms, Philippe-Auguste; et
si j'avais eu la chance de ne ressembler à personne ou d'être
simplement le fils d'un troisième larron qui ne se serait pas
montré, je m'appellerais aujourd'hui le vicomte Philippe-Auguste
de Pravallon, fils tardivement reconnu du comte du même nom,
sénateur. Moi, je me suis baptisé : « Pas de veine ».

— Comment savez-vous tout cela?

— Parce qu'il y a eu des explications devant moi, parbleu, et
de rudes explications, allez. Ah! c'est ça qui vous apprend la
vie. »

Quelque chose de plus pénible et de plus tenaillant que tout ce
qu'il avait ressenti et souffert depuis une demi-heure oppressait le
prêtre. C'était en lui une sorte d'étouffement qui commençait, qui
allait grandir et finirait par le tuer, et cela lui venait, non pas
tant des choses qu'il entendait, que de la façon dont elles étaient
dites et de la figure de crapule du voyou qui les soulignait. Entre
cet homme et lui, entre son fils et lui, il commençait à sentir à
présent ce cloaque des saletés morales qui sont, pour certaines
âmes, de mortels poisons. C'était son fils cela? Il ne pouvait
encore le croire. Il voulait toutes les preuves, toutes; tout
apprendre, tout entendre, tout écouter, tout souffrir. Il pensa de
nouveau aux oliviers qui entouraient sa petite bastide, et il
murmura pour la seconde fois: « Oh! mon Dieu, secourez-moi. »

Philippe-Auguste avait fini sa soupe. Il demanda:

« On ne mange donc plus, l'abbé? »

Comme la cuisine se trouvait en dehors de la maison, dans un
bâtiment annexé, et que Marguerite ne pouvait entendre la voix
de son curé, il la prévenait de ses besoins par quelques coups
donnés sur un gong chinois suspendu près du mur, derrière lui.

Il prit donc le marteau de cuir et heurta plusieurs fois la
plaque ronde de métal. Un son, faible d'abord, s'en échappa, puis

grandit, s'accentua, vibrant, aigu, suraigu, déchirant, horrible plainte du cuivre frappé.

La bonne apparut. Elle avait une figure crispée et elle jetait des regards furieux sur le maoufatan comme si elle eût pressenti, avec son instinct de chien fidèle, le drame abattu sur son maître. En ses mains elle tenait le loup grillé d'où s'envolait une savoureuse odeur de beurre fondu. L'abbé, avec une cuiller, fendit le poisson d'un bout à l'autre, et offrant le filet du dos à l'enfant de sa jeunesse:

« C'est moi qui l'ai pris tantôt », dit-il, avec un reste de fierté qui surnageait dans sa détresse.

Marguerite ne s'en allait pas.

Le prêtre reprit:

« Apportez du vin, du bon, du vin blanc du cap Corse. »

Elle eut presque un geste de révolte, et il dut répéter, en prenant un air sévère: « Allez, deux bouteilles. » Car, lorsqu'il offrait du vin à quelqu'un, plaisir rare, il s'en offrait toujours une bouteille à lui-même.

Philippe-Auguste, radieux, murmura:

« Chouette. Une bonne idée. Il y a longtemps que je n'ai mangé comme ça. »

La servante revint au bout de deux minutes. L'abbé les jugea longues comme deux éternités, car un besoin de savoir lui brûlait à présent le sang, dévorant ainsi qu'un feu d'enfer.

Les bouteilles étaient débouchées, mais la bonne restait là, les yeux fixés sur l'homme.

« Laissez-nous », dit le curé.

Elle fit semblant de ne pas entendre.

Il reprit presque durement:

« Je vous ai ordonné de nous laisser seuls. »

Alors elle s'en alla.

Philippe-Auguste mangeait le poisson avec une précipitation vorace; et son père le regardait, de plus en plus surpris et désolé

6

de tout ce qu'il découvrait de bas sur cette figure qui lui ressemblait tant. Les petits morceaux que l'abbé Vilbois portait à ses lèvres lui demeuraient dans la bouche, sa gorge serrée refusant de les laisser passer ; et il les mâchait longtemps, cher-chant, parmi toutes les questions qui lui venaient à l'esprit, celle dont il désirait le plus vite la réponse.

Il finit par murmurer :

« De quoi est-elle morte ?

— De la poitrine.

— A-t-elle été longtemps malade?

— Dix-huit mois, à peu près.

— D'où cela lui était-il venu?

— On ne sait pas. »

Ils se turent. L'abbé songeait. Tant de choses l'oppressaient qu'il aurait voulu déjà connaître, car depuis le jour de la rupture, depuis le jour où il avait failli la tuer, il n'avait rien su d'elle.

Certes, il n'avait pas non plus désiré savoir, car il l'avait jetée avec résolution dans une fosse d'oubli, elle et ses jours de bonheur ; mais voilà qu'il sentait naître en lui tout à coup, maintenant qu'elle était morte, un ardent désir d'apprendre, un désir jaloux, presque un désir d'amant.

Il reprit :

« Elle n'était pas seule, n'est-ce pas ?

— Non, elle vivait toujours avec lui. »

Le vieillard tressaillit.

« Avec lui ! Avec Pravallon ?

— Mais oui. »

Et l'homme, jadis trahi, calcula que cette même femme qui l'avait trompé était demeurée plus de trente ans avec son rival.

Ce fut presque malgré lui qu'il balbutia :

« Furent-ils heureux ensemble ? »

En ricanant, le jeune homme répondit :

« *Mais oui, avec des hauts et des bas ! Ça aurait été très bien sans moi. J'ai toujours tout gâté, moi.*

— Comment, et pourquoi ? dit le prêtre.

— Je vous l'ai déjà raconté. Parce qu'il a cru que j'étais son fils jusqu'à mon âge de quinze ans environ. Mais il n'était pas bête, le vieux, il a bien découvert tout seul la ressemblance, et alors il y a eu des scènes. Moi, j'écoutais aux portes. Il accusait maman de l'avoir mis dedans. Maman ripostait : « Est-ce ma faute. Tu savais très bien, quand tu m'as prise, que j'étais la maîtresse de l'autre. » L'autre, c'était vous.

— Ah ! ils parlaient donc de moi quelquefois ?

— Oui, mais ils ne vous ont jamais nommé devant moi, sauf à la fin, tout à la fin, aux derniers jours, quand maman s'est sentie perdue. Ils avaient tout de même de la méfiance.

— Et vous... vous avez appris de bonne heure que votre mère était dans une situation irrégulière ?

— Parbleu ! Je ne suis pas naïf, moi, allez, et je ne l'ai jamais été. Ça se devine tout de suite ces choses-là, dès qu'on commence à connaître le monde. »

Philippe-Auguste se versait à boire coup sur coup. Ses yeux s'allumaient, son long jeûne lui donnant une griserie rapide.

Le prêtre s'en aperçut ; il faillit l'arrêter, puis la pensée l'effleura que l'ivresse rendait imprudent et bavard, et, prenant la bouteille, il emplit de nouveau le verre du jeune homme.

Marguerite apportait la poule au riz. L'ayant posée sur la table, elle fixa de nouveau ses yeux sur le rôdeur, puis elle dit à son maître avec un air indigné :

« *Mais regardez qu'il est saoul, monsieur le curé.*

— Laisse-nous donc tranquilles, reprit le prêtre, et va-t'en. »

Elle sortit en tapant la porte.

Il demanda :

« *Qu'est-ce qu'elle disait de moi, votre mère ?*

— Mais ce qu'on dit d'ordinaire d'un homme qu'on a lâché ;

que vous n'étiez pas commode, embêtant pour une femme, et qui
lui auriez rendu la vie très difficile avec vos idées.

— Souvent elle a dit cela ?

— Oui, quelquefois avec des subterfuges, pour que je ne
comprenne point, mais je devinais tout.

— Et vous, comment vous traitait-on dans cette maison ?

— Moi ? très bien d'abord, et puis très mal ensuite. Quand
maman a vu que je gâtais son affaire, elle m'a flanqué à l'eau.

— Comment ça ?

— Comment ça ! c'est bien simple. J'ai fait quelques
fredaines vers seize ans ; alors ces gouapes-là m'ont mis
dans une maison de correction, pour se débarrasser de moi. »

Il posa ses coudes sur la table, appuya ses deux joues sur ses
deux mains et, tout à fait ivre, l'esprit chaviré dans le vin, il fut
saisi tout à coup par une de ces irrésistibles envies de parler de
soi qui font divaguer les pochards en de fantastiques vantardises.

Et il souriait gentiment, avec une grâce féminine sur les
lèvres, une grâce perverse que le prêtre reconnut ; non seulement il
la reconnut, mais il la sentit, haïe et caressante, cette grâce qui
l'avait conquis et perdu jadis. C'était à sa mère que l'enfant, à
présent, ressemblait le plus, non par les traits du visage, mais
par le regard captivant et faux, et surtout par la séduction du
sourire menteur qui semblait ouvrir la porte de la bouche à toutes
les infamies du dedans.

Philippe-Auguste raconta :

« Ah ! ah ! ah ! J'en ai eu une vie, moi, depuis la
maison de correction, une drôle de vie qu'un grand romancier
payerait cher. Vrai, le père Dumas, avec son Monte-Cristo, n'en
a pas trouvé de plus cocasses que celles qui me sont arrivées. »

Il se tut, avec une gravité philosophique d'homme gris qui
réfléchit, puis, lentement :

« Quand on veut qu'un garçon tourne bien, on ne devrait
jamais l'envoyer dans une maison de correction, à cause des

connaissances de là dedans, quoi qu'il ait fait. J'en avais fait une bonne, moi, mais elle a mal tourné. Comme je me baladais avec trois camarades, un peu éméchés tous les quatre, un soir, vers neuf heures, sur la grand'route, auprès du gué de Folac, voilà que je rencontre une voiture où tout le monde dormait, le conducteur et sa famille; c'étaient des gens de Martinon qui revenaient de dîner à la ville. Je prends le cheval par la bride, je le fais monter dans le bac du passeur et je pousse le bac au milieu de la rivière. Ça fait du bruit, le bourgeois qui conduisait se réveille, il ne voit rien, il fouette. Le cheval part et saute dans le bouillon avec la voiture. Tous noyés! Les camarades m'ont dénoncé. Ils avaient bien ri d'abord en me voyant faire ma farce. Vrai, nous n'avions pas pensé que ça tournerait si mal. Nous espérions seulement un bain, histoire de rire.

« Depuis ça, j'en ai fait de plus raides pour me venger de la première, qui ne méritait pas la correction, sur ma parole. Mais ce n'est pas la peine de les raconter. Je vais vous dire seulement la dernière, parce que celle-là elle vous plaira, j'en suis sûr. Je vous ai vengé, papa. »

L'abbé regardait son fils avec des yeux terrifiés, et il ne mangeait plus rien.

Philippe-Auguste allait se remettre à parler.

« Non, dit le prêtre, pas à présent, tout à l'heure. »

Se retournant, il battit et fit crier la stridente cymbale chinoise.

Marguerite entra aussitôt.

Et son maître commanda avec une voix si rude qu'elle baissa la tête, effrayée et docile :

« Apporte-nous la lampe et tout ce que tu as encore à mettre sur la table, puis tu ne paraîtras plus tant que je n'aurai pas frappé le gong. »

Elle sortit, revint et posa sur la nappe une lampe de porcelaine blanche, coiffée d'un abat-jour vert, un gros morceau de fromage, des fruits, puis s'en alla.

Et l'abbé dit résolument :

« *Maintenant, je vous écoute.* »

Philippe-Auguste emplit avec tranquillité son assiette de dessert et son verre de vin. La seconde bouteille était presque vide, bien que le curé n'y eût point touché.

Le jeune homme reprit, bégayant, la bouche empâtée de nourriture et de saoulerie.

«*La dernière, la voilà. C'en est une rude : J'étais revenu à la maison... et j'y restais malgré eux, parce qu'ils avaient peur de moi... peur de moi... Ah ! faut pas qu'on m'embête, moi... je suis capable de tout quand on m'embête... Vous savez... Ils vivaient ensemble et pas ensemble. Il avait deux domiciles, lui, un domicile de sénateur et un domicile d'amant. Mais il vivait chez maman plus souvent que chez lui, car il ne pouvait plus se passer d'elle. Ah !... en voilà une fine, et une forte... maman... elle savait vous tenir un homme, celle-là ! Elle l'avait pris corps et âme, et elle l'a gardé jusqu'à la fin. C'est-il bête, les hommes ! Donc, j'étais revenu et je les maîtrisais par la peur. Je suis débrouillard, moi, quand il faut, et pour la malice, pour la ficelle, pour la poigne aussi, je ne crains personne. Voilà que maman tombe malade et il l'installe dans une belle propriété, près de Meulan, au milieu d'un parc grand comme une forêt. Ça dure dix-huit mois environ... comme je vous ai dit. Puis nous sentons approcher la fin. Il venait tous les jours de Paris, et il avait du chagrin, mais là, du vrai.*

« *Donc, un matin, ils avaient jacassé ensemble près d'une heure, et je me demandais de quoi ils pouvaient jaboter si long-temps quand on m'appelle. Et maman me dit :*

« *— Je suis près de mourir et il y a quelque chose que je veux te révéler, malgré l'avis du comte. — Elle l'appelait toujours « le comte » en parlant de lui. — C'est le nom de ton père qui vit encore.* »

« *Je le lui avais demandé plus de cent fois... plus de cent fois...*

le nom de mon père... plus de cent fois... et elle avait toujours refusé de le dire... Je crois même qu'un jour j'y ai flanqué des gifles pour la faire jaser, mais ça n'a servi de rien. Et puis, pour se débarrasser de moi, elle m'a annoncé que vous étiez mort sans le sou, que vous étiez un pas grand'chose, une erreur de sa jeunesse, une gaffe de vierge, quoi. Elle me l'a si bien raconté que j'y ai coupé, mais en plein, dans votre mort.

« Donc elle me dit :

« — C'est le nom de ton père.

« L'autre, qui était assis dans un fauteuil, réplique comme ça, trois fois :

« — Vous avez tort, vous avez tort, vous avez tort, Rosette.

« Maman s'assied dans son lit. Je la vois encore avec ses pommettes rouges et ses yeux brillants ; car elle m'aimait bien tout de même ; et elle lui dit :

« — Alors, faites quelque chose pour lui, Philippe !

« En lui parlant, elle le nommait « Philippe » et moi « Auguste ».

« Il se mit à crier comme un forcené :

« — Pour cette crapule-là, jamais, pour ce vaurien, ce repris de justice, ce... ce... ce...

« Et il en trouva des noms pour moi, comme s'il n'avait cherché que ça toute sa vie.

« J'allais me fâcher, maman me fait taire, et elle lui dit ;

« — Vous voulez donc qu'il meure de faim, puisque je n'ai rien, moi. »

« Il répliqua, sans se troubler :

« — Rosette, je vous ai donné trente-cinq mille francs par an, depuis trente ans, cela fait plus d'un million. Vous avez vécu par moi en femme riche, en femme aimée, j'ose dire en femme heureuse. Je ne dois rien à ce gueux qui a gâté nos dernières années ; et il n'aura rien de moi. Il est inutile d'insister. Nommez-lui l'autre si vous voulez. Je le regrette, mais je m'en lave les mains.

« *Alors, maman se tourne vers moi. Je me disais :* « *Bon…*
« *v'là que je retrouve mon vrai père… s'il a de la galette, je*
« *suis un homme sauvé…* »

« *Elle continua :*

« *— Ton père, le baron de Vilbois, s'appelle aujourd'hui
l'abbé Vilbois, curé de Garandou, près de Toulon. Il était mon
amant quand je l'ai quitté pour celui-ci.*

« *Et voilà qu'elle me conte tout, sauf qu'elle vous a mis
dedans aussi au sujet de sa grossesse. Mais les femmes, voyez-
vous, ça ne dit jamais la vérité.* »

*Il ricanait, inconscient, laissant sortir librement toute sa
fange. Il but encore, et la face toujours hilare, continua :*

« *Maman mourut deux jours… deux jours plus tard. Nous
avons suivi son cercueil au cimetière, lui et moi… est-ce drôle,… :
dites… lui et moi… et trois domestiques… c'est tout. Il pleurait
comme une vache… nous étions côte à côte… on eût dit papa et
le fils à papa.*

« *Puis nous voilà revenus à la maison. Rien que nous deux.
Moi je me disais :* « *Faut filer, sans un sou.* » *J'avais juste
cinquante francs. Qu'est-ce que je pourrais bien trouver pour
me venger.*

« *Il me touche le bras et me dit :*

« *— J'ai à vous parler.*

« *Je le suivis dans son cabinet. Il s'assit devant sa table,
puis, en barbotant dans ses larmes, il me raconte qu'il ne veut
pas être pour moi aussi méchant qu'il le disait à maman ; il me
prie de ne pas vous embêter… — Ça… ça nous regarde, vous et
moi… — Il m'offre un billet de mille… mille… mille… Qu'est-
ce que je pouvais faire avec mille francs… moi… un homme
comme moi. Je vis qu'il y en avait d'autres dans le tiroir, un vrai
tas. La vue de c'papier-là, ça me donne une envie de chouriner.
Je tends la main pour prendre celui qu'il m'offrait, mais au lieu
de recevoir son aumône, je saute dessus, je le jette par terre, et*

je lui serre la gorge jusqu'à lui faire tourner de l'œil; puis, quand je vis qu'il allait passer, je le bâillonne, je le ligote, je le désha-bille, je le retourne et puis... ah ! ah ! ah !... je vous ai drôle-ment vengé !... »

Philippe-Auguste toussait, étranglé de joie, et toujours, sur sa lèvre relevée d'un pli féroce et gai, l'abbé Vilbois retrouvait l'ancien sourire de la femme qui lui avait fait perdre la tête.

« Après ? dit-il.

— Après... Ah ! ah ! ah ! Il y avait grand feu dans la cheminée... c'était en décembre... par le froid... qu'elle est morte... maman... grand feu de charbon... Je prends le tison-nier... je le fais rougir... et voilà... que je lui fais des croix dans le dos : huit, dix, je ne sais pas combien, puis je le retourne et je lui en fais autant sur le ventre. Est-ce drôle, hein ! papa ? C'est ainsi qu'on marquait les forçats autrefois. Il se tortillait comme une anguille... Mais je l'avais bien bâillonné, il ne pouvait pas crier. Puis, je pris les billets — douze — avec le mien ça faisait treize... Ça ne m'a pas porté chance. Et je me suis sauvé en disant aux domestiques de ne pas déranger M. le comte jusqu'à l'heure du dîner parce qu'il dormait.

« Je pensais bien qu'il ne dirait rien, par peur du scandale, vu qu'il est sénateur. Je me suis trompé. Quatre jours après, j'étais pincé dans un restaurant de Paris. J'ai eu trois ans de pri-son. C'est pour ça que je n'ai pas pu venir vous trouver plus tôt. »

Il bat encore, et bredouillant de façon à prononcer à peine les mots.

« Maintenant... papa... papa curé !... Est-ce drôle d'avoir un curé pour papa !... Ah! ah ! faut être gentil, bien gentil avec bibi, parce que bibi n'est pas ordinaire... et qu'il en a fait une bonne... pas vrai... une bonne... au vieux... »

La même colère qui avait affolé jadis l'abbé Vilbois devant la maîtresse trahissante le soulevait à présent devant cet abominable homme.

Lui qui avait tant pardonné, au nom de Dieu, les secrets infâmes chuchotés dans le mystère des confessionnaux, il se sentait sans pitié, sans clémence en son propre nom, et il n'appelait plus maintenant à son aide ce Dieu secourable et miséricordieux, car il comprenait qu'aucune protection céleste ou terrestre ne peut sauver ici-bas ceux sur qui tombent de tels malheurs.

Toute l'ardeur de son cœur passionné et de son sang violent, éteinte par l'épiscopat, se réveillait dans une révolte irrésistible contre ce misérable qui était son fils, contre cette ressemblance avec lui, et aussi avec la mère, la mère indigne qui l'avait conçu pareil à elle, et contre la fatalité qui rivait ce gueux à son pied paternel ainsi qu'un boulet de galérien.

Il voyait, il prévoyait tout avec une lucidité subite, réveillé par ce choc de ses vingt-cinq ans de pieux sommeil et de tranquillité.

Convaincu soudain qu'il fallait parler fort pour être craint de ce malfaiteur et le terrifier du premier coup, il lui dit, les dents serrées par la fureur, et ne songeant plus à son ivresse :

« Maintenant que vous m'avez tout raconté, écoutez-moi. Vous partirez demain matin. Vous habiterez un pays que je vous indiquerai et que vous ne quitterez jamais sans mon ordre. Je vous y payerai une pension qui vous suffira pour vivre, mais petite, car je n'ai pas d'argent. Si vous désobéissez une seule fois, ce sera fini et vous aurez affaire à moi... »

Bien qu'abruti par le vin, Philippe-Auguste comprit la menace ; et le criminel qui était en lui surgit tout à coup. Il cracha ces mots, avec des hoquets :

« Ah ! papa, faut pas me la faire... T'es curé... je te tiens... et tu fileras doux, comme les autres ! »

L'abbé sursauta ; et ce fut, dans ses muscles de vieil hercule, un invincible besoin de saisir ce monstre, de le plier comme une baguette et de lui montrer qu'il faudrait céder.

Il lui cria, en secouant la table et en la lui jetant dans la poitrine :

« Ah! prenez garde, prenez garde... je n'ai peur de personne, moi... »

L'ivrogne, perdant l'équilibre, oscillait sur sa chaise. Sentant qu'il allait tomber et qu'il était au pouvoir du prêtre, il allongea sa main, avec un regard d'assassin, vers un des couteaux qui traînaient sur la nappe. L'abbé Vilbois vit le geste, et il donna à la table une telle poussée que son fils culbuta sur le dos et s'étendit par terre. La lampe roula et s'éteignit.

Pendant quelques secondes une fine sonnerie de verres heurtés chanta dans l'ombre; puis ce fut une sorte de rampement de corps mou sur le pavé, puis plus rien.

Avec la lampe brisée la nuit subite s'était répandue sur eux si prompte, inattendue et profonde, qu'ils en furent stupéfaits comme d'un événement effrayant. L'ivrogne, blotti contre le mur, ne remuait plus; et le prêtre restait sur sa chaise, plongé dans ces ténèbres, qui noyaient sa colère. Ce voile sombre jeté sur lui, arrêtant son emportement, immobilisa aussi l'élan furieux de son âme; et d'autres idées lui vinrent, noires et tristes comme l'obscurité. Le silence se fit, un silence épais de tombe fermée, où rien ne semblait plus vivre et respirer. Rien non plus ne venait du dehors, pas un roulement de voiture au loin, pas un aboiement de chien, pas même un glissement dans les branches ou sur les murs, d'un léger souffle de vent.

Cela dura longtemps, très longtemps, peut-être une heure. Puis, soudain le gong tinta! Il tinta frappé d'un seul coup dur, sec et fort, que suivit un grand bruit bizarre de chute et de chaise renversée.

Marguerite, aux aguets, accourut; mais dès qu'elle eut ouvert la porte, elle recula épouvantée devant l'ombre impénétrable. Puis tremblante, le cœur précipité, la voix haletante et basse, elle appela :

« *M'sieu l'curé, m'sieu l'curé.* »

Personne ne répondit, rien ne bougea.

« *Mon Dieu, mon Dieu, pensa-t-elle, qu'est-ce qu'ils ont fait,
qu'est-ce qu'est arrivé.* »

*Elle n'osait pas avancer, elle n'osait pas retourner prendre
une lumière; et une envie folle de se sauver, de fuir et de hurler
la saisit, bien qu'elle se sentît les jambes brisées à tomber sur
place. Elle répétait :*

« *M'sieu le curé, m'sieu le curé, c'est moi, Marguerite.* »

*Mais soudain, malgré sa peur, un désir instinctif de secourir
son maître, et une de ces bravoures de femmes qui les rendent par
moments héroïques emplirent son âme d'audace terrifiée, et,
courant à sa cuisine, elle rapporta son quinquet.*

*Sur la porte de la salle, elle s'arrêta. Elle vit d'abord le
vagabond, étendu contre le mur, et qui dormait ou semblait dormir, puis la lampe cassée, puis, sous la table, les deux pieds
noirs et les jambes aux bas noirs de l'abbé Vilbois, qui avait dû
s'abattre sur le dos en heurtant le gong de sa tête.*

Palpitante d'effroi, les mains tremblantes, elle répétait :

« *Mon Dieu, mon Dieu, qu'est-ce que c'est?* »

*Et comme elle avançait à petits pas, avec lenteur, elle glissa
dans quelque chose de gras et faillit tomber.*

*Alors, s'étant penchée, elle s'aperçut que sur le pavé rouge,
un liquide rouge aussi coulait, s'étendant autour de ses pieds et
courant vite vers la porte. Elle devina que c'était du sang.*

*Folle, elle s'enfuit, jetant sa lumière pour ne plus rien voir,
et elle se précipita dans la campagne, vers le village. Elle allait,
heurtant les arbres, les yeux fixés vers les feux lointains et
hurlant.*

*Sa voix aiguë s'envolait par la nuit comme un sinistre cri de
chouette et clamait sans discontinuer :* « *Le maoufatan... le
maoufatan... le maoufatan...* »

Lorsqu'elle atteignit les premières maisons, des hommes

effarés sortirent et l'entourèrent; mais elle se débattait sans répondre, car elle avait perdu la tête.

On finit par comprendre qu'un malheur venait d'arriver dans la campagne du curé, et une troupe s'arma pour courir à son aide.

Au milieu du champ d'oliviers la petite bastide peinte en rose était devenue invisible et noire dans la nuit profonde et muette. Depuis que la lueur unique de sa fenêtre éclairée s'était éteinte comme un œil fermé, elle demeurait noyée dans l'ombre, perdue dans les ténèbres, introuvable pour quiconque n'était pas enfant du pays.

Bientôt des feux coururent au ras de terre, à travers les arbres, venant vers elle. Ils promenaient sur l'herbe brûlée de longues clartés jaunes; et sous leurs éclats errants les troncs tourmentés des oliviers ressemblaient parfois à des monstres, à des serpents d'enfer enlacés et tordus.

Les reflets projetés au loin firent soudain surgir dans l'obscurité quelque chose de blanchâtre et de vague, puis, bientôt le mur bas et carré de la petite demeure redevint rose devant les lanternes.

Quelques paysans les portaient, escortant deux gendarmes, revolver au poing, le garde champêtre, le maire et Marguerite que des hommes soutenaient, car elle défaillait.

Devant la porte demeurée ouverte, effrayante, il y eut un moment d'hésitation. Mais le brigadier, saisissant un falot, entra, suivi par les autres.

La servante n'avait pas menti. Le sang, figé maintenant, couvrait le pavé comme un tapis. Il avait coulé jusqu'au vagabond, baignant une de ses jambes et une de ses mains.

Le père et le fils dormaient, l'un, la gorge coupée, du sommeil éternel, l'autre du sommeil des ivrognes. Les deux gendarmes se jetèrent sur celui-ci, et avant qu'il fût réveillé il avait des chaînes aux poignets. Il frotta ses yeux, stupéfait, abruti de

vin; et lorsqu'il vit le cadavre du prêtre, il eut l'air terrifié, et
de ne rien comprendre.

« Comment ne s'est-il pas sauvé, dit le maire ?

— Il était trop saoul, répliqua le brigadier. »

Et tout le monde fut de son avis, car l'idée ne serait venue
à personne que l'abbé Vilbois, peut-être, avait pu se donner
la mort.

ACHEVÉ D'IMPRIMER

pour les

BIBLIOPHILES CONTEMPORAINS

sur les presses à bras

DE L'ANCIENNE MAISON QUANTIN

Ce 12 septembre 1892, à Paris

L'ÉPAVE

SOCIÉTÉ DES BIBLIO... POCHE...

L'ÉPAVE

CONTES CHOISIS

DE

GUY DE MAUPASSANT

L'ÉPAVE

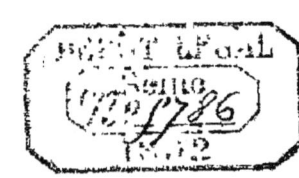

PARIS

Imprimé pour la

SOCIÉTÉ DES BIBLIOPHILES CONTEMPORAINS

1892

L'ÉPAVE

C'était hier 31 décembre.

Je venais de déjeuner avec mon vieil ami Georges Garin. Le domestique lui apporta une lettre couverte de cachets et de timbres étrangers.

Georges me dit :

— Tu permets ?

— Certainement.

Et il se mit à lire huit pages d'une grande écriture anglaise, croisée dans tous les sens. Il les lisait lentement, avec une attention sérieuse, avec cet intérêt qu'on met aux choses qui vous touchent le cœur.

Puis il posa la lettre sur un coin de la cheminée, et il dit :

— Tiens, en voilà une drôle d'histoire que je ne t'ai jamais racontée, une histoire sentimentale pourtant, et qui m'est arrivée ! Oh ! ce fut un singulier jour de l'an, cette année-là. Il y a de cela vingt ans... puisque j'avais trente ans et que j'en ai cinquante !...

« J'étais alors inspecteur de la Compagnie d'as-

surances maritimes que je dirige aujourd'hui. Je me
disposais à passer à Paris la fête du 1ᵉʳ janvier,
puisqu'on est convenu de faire de ce jour un jour
de fête, quand je reçus une lettre du directeur me
donnant l'ordre de partir immédiatement pour l'île
de Ré, où venait de s'échouer un trois-mâts de Saint-
Nazaire, assuré par nous. Il était alors huit heures
du matin. J'arrivai à la Compagnie, à dix heures,
pour recevoir des instructions; et, le soir même, je
prenais l'express, qui me déposait à la Rochelle le
lendemain 31 décembre.

« J'avais deux heures, avant de monter sur le
bateau de Ré, le *Jean-Guiton*. Je fis un tour en ville.
C'est vraiment une ville bizarre et de grand caractère que la Rochelle, avec ses rues mêlées comme
un labyrinthe et dont les trottoirs courent sous des
galeries sans fin, des galeries à arcades comme celles
de la rue de Rivoli, mais basses, ces galeries et ces
arcades écrasées, mystérieuses, qui semblent construites et demeurées comme un décor de conspira-
teurs, le décor antique et saisissant des guerres
d'autrefois, des guerres de religion héroïques et
sauvages. C'est bien la vieille cité huguenote, grave,
discrète, sans art superbe, sans aucun de ces admi-
rables monuments qui font Rouen si magnifique,
mais remarquable par toute sa physionomie sévère,
un peu sournoise aussi, une cité de batailleurs obstinés, où doivent éclore les fanatismes, la ville où
s'exalta la foi des calvinistes et où naquit le complot
des quatre sergents.

« Quand j'eus erré quelque temps par ces rues

singulières, je montai sur un petit bateau à vapeur,
noir et ventru, qui devait me conduire à l'île de Ré.
Il partit en soufflant, d'un air colère, passa entre
les deux tours antiques qui gardent le port, traversa
la rade, sortit de la digue construite par Richelieu,
et dont on voit à fleur d'eau les pierres énormes,
enfermant la ville comme un immense collier ; puis
il obliqua vers la droite.

« C'était un de ces jours tristes qui oppressent,
écrasent la pensée, compriment le cœur, éteignent
en nous toute force et toute énergie ; un jour gris,
glacial, sali par une brume lourde, humide comme
de la pluie, froide comme de la gelée, infecte à respirer comme une buée d'égout.

« Sous ce plafond de brouillard bas et sinistre,
la mer jaune, la mer peu profonde et sablonneuse
de ces plages illimitées, restait sans une ride, sans
un mouvement, sans vie, une mer d'eau trouble,
d'eau grasse, d'eau stagnante. Le *Jean-Guiton* passait dessus en roulant un peu, par habitude, coupait
cette nappe opaque et lisse, puis laissait derrière lui
quelques vagues, quelques clapots, quelques ondulations qui se calmaient bientôt.

« Je me mis à causer avec le capitaine, un petit
homme presque sans pattes, tout rond comme son
bateau et balancé comme lui. Je voulais quelques
détails sur le sinistre que j'allais constater. Un grand
trois-mâts carré de Saint-Nazaire, le *Marie-Joseph*,
avait échoué, par une nuit d'ouragan, sur les sables
de l'île de Ré.

« La tempête avait jeté si loin ce bâtiment, écri-

vait l'armateur, qu'il avait été impossible de le ren-
flouer et qu'on avait dû enlever au plus vite tout ce
qui pouvait en être détaché. Il me fallait donc constater la situation de l'épave, apprécier quel devait
être son état avant le naufrage, juger si tous les
efforts avaient été tentés pour le remettre à flot. Je
venais comme agent de la Compagnie, pour témoi-
gner ensuite contradictoirement, si besoin était,
dans le procès.

« Au reçu de mon rapport, le directeur devait
prendre les mesures qu'il jugerait nécessaires pour
sauvegarder nos intérêts.

« Le capitaine du *Jean-Guiton* connaissait parfaitement l'affaire, ayant été appelé à prendre
part, avec son navire, aux tentatives de sauve-
tage.

« Il me raconta le sinistre, très simple d'ailleurs.
Le *Marie-Joseph,* poussé par un coup de vent
furieux, perdu dans la nuit, naviguant au hasard sur
une mer d'écume, — « une mer de soupe au lait »,
disait le capitaine, — était venu s'échouer sur ces
immenses bancs de sable qui changent les côtes de
cette région en Saharas illimités, aux heures de la
marée basse.

« Tout en causant, je regardais autour de moi et
devant moi. Entre l'océan et le ciel pesant restait
un espace libre où l'œil voyait au loin. Nous sui-
vions une terre, Je demandai :

« — C'est l'île de Ré ?

« — Oui, monsieur.

« Et tout à coup le capitaine, étendant la main

droit devant nous, me montra, en pleine mer, une
chose presque imperceptible, et me dit :

« — Tenez, voilà votre navire !

« — Le *Marie-Joseph?*...

« — Mais, oui.

« J'étais stupéfait. Ce point noir, à peu près
invisible, que j'aurais pris pour un écueil, me paraissait placé à trois kilomètres au moins des côtes.

« Je repris :

« — Mais, capitaine, il doit y avoir cent brasses
d'eau à l'endroit que vous me désignez?

« Il se mit à rire.

« — Cent brasses, mon ami!... Pas deux brasses,
je vous dis!...

« C'était un Bordelais. Il continua :

« — Nous sommes marée haute, neuf heures
quarante minutes. Allez-vous-en par la plage, mains
dans vos poches, après le déjeuner de l'hôtel du
Dauphin, et je vous promets qu'à deux heures
cinquante ou trois heures au plusse vous toucherez
l'épave, pied sec, mon ami, et vous aurez une heure
quarante-cinq à deux heures pour rester dessus, pas
plusse, par exemple; vous seriez pris. Plusse la mer
elle va loin et plusse elle revient vite. C'est plat
comme une punaise, cette côte! Remettez-vous en
route à quatre heures cinquante, croyez-moi; et
vous remontez à sept heures et demie sur le *Jean-
Guiton,* qui vous dépose ce soir même sur le quai
de la Rochelle.

« Je remerciai le capitaine et j'allai m'asseoir à
l'avant du vapeur, pour regarder la petite ville de

Saint-Martin, dont nous approchions rapidement.

« Elle ressemblait à tous les ports en miniature qui servent de capitales à toutes les maigres îles semées le long des continents. C'était un gros village de pêcheurs, un pied dans l'eau, un pied sur terre, vivant de poissons et de volailles, de légumes et de coquilles, de radis et de moules. L'île est fort basse, peu cultivée, et semble cependant très peuplée ; mais je ne pénétrai pas dans l'intérieur.

« Après avoir déjeuné, je franchis un petit promontoire ; puis, comme la mer baissait rapidement, je m'en allai, à travers les sables, vers une sorte de roc noir que j'apercevais au-dessus de l'eau, là-bas, là-bas.

« J'allais vite sur cette plaine jaune, élastique comme de la chair, et qui semblait suer sous mon pied. La mer, tout à l'heure, était là ; maintenant, je l'apercevais au loin, se sauvant à perte de vue, et je ne distinguais plus la ligne qui séparait le sable de l'Océan. Je croyais assister à une féerie gigantesque et surnaturelle. L'Atlantique était devant moi tout à l'heure, puis il avait disparu dans la grève, comme font les décors dans les trappes, et je marchais à présent au milieu d'un désert. Seuls, la sensation, le souffle de l'eau salée demeuraient en moi. Je sentais l'odeur du varech, l'odeur de la vague, la rude et bonne odeur des côtes. Je marchais vite ; je n'avais plus froid ; je regardais l'épave échouée, qui grandissait à mesure que j'avançais et ressemblait à présent à une énorme baleine naufragée.

« Elle semblait sortir du sol et prenait, sur cette immense étendue plate et jaune, des proportions surprenantes. Je l'atteignis enfin, après une heure de marche. Elle gisait sur le flanc, crevée, brisée, montrant, comme les côtes d'une bête, ses os rompus, ses os de bois goudronné, percés de clous énormes. Le sable déjà l'avait envahie, entré par toutes les fentes, et il la tenait, la possédait, ne la lâcherait plus. Elle paraissait avoir pris racine en lui. L'avant était entré profondément dans cette plage douce et perfide, tandis que l'arrière, relevé, semblait jeter vers le ciel, comme un cri d'appel désespéré, ces deux mots blancs sur le bordage noir : *Marie-Joseph.*

« J'escaladai ce cadavre de navire par le côté le plus bas; puis, parvenu sur le pont, je pénétrai dans l'intérieur. Le jour, entré par les trappes défoncées et par les fissures des flancs, éclairait tristement ces sortes de caves longues et sombres, pleines de boiseries démolies. Il n'y avait plus rien là dedans que du sable qui servait de sol à ce souterrain de planches.

« Je me mis à prendre des notes sur l'état du bâtiment. Je m'étais assis sur un baril vide et brisé, et j'écrivais à la lueur d'une large fente par où je pouvais apercevoir l'étendue illimitée de la grève. Un singulier frisson de froid et de solitude me courait sur la peau de moment en moment; et je cessais d'écrire parfois pour écouter le bruit vague et mystérieux de l'épave : bruit des crabes grattant les bordages de leurs griffes crochues, bruit de mille bêtes toutes petites de la mer, installées déjà

sur ce mort, et aussi le bruit doux et régulier du
taret qui ronge sans cesse, avec son grincement de
vrille, toutes les vieilles charpentes, qu'il creuse et
dévore.

« Et, soudain, j'entendis des voix humaines tout
près de moi. Je fis un bond comme en face d'une
apparition. Je crus vraiment, pendant une seconde,
que j'allais voir se lever, au fond de la sinistre cale,
deux noyés qui me raconteraient leur mort. Certes,
il ne me fallut pas longtemps pour grimper sur le
pont à la force des poignets : et j'aperçus debout, à
l'avant du navire, un grand monsieur avec trois
jeunes filles, ou plutôt, un grand Anglais avec trois
misses. Assurément, ils eurent encore plus peur
que moi en voyant surgir cet être rapide sur le trois-
mâts abandonné. La plus jeune des fillettes se
sauva ; les deux autres saisirent leur père à pleins
bras ; quant à lui, il avait ouvert la bouche ; ce fut
le seul signe qui laissa voir son émotion.

« Puis, après quelques secondes, il parla :

« — Aoh, môsieu, vos été la propriétaire de
cette bâtiment?

« — Oui, monsieur.

« — Est-ce que je pôvé la visiter?

« — Oui, monsieur.

« Il prononça alors une longue phrase anglaise,
où je distinguai seulement ce mot : *gracious*, revenu
plusieurs fois.

« Comme il cherchait un endroit pour grimper,
je lui indiquai le meilleur et je lui tendis la main.
Il monta ; puis nous aidâmes les trois fillettes, ras-

surées. Elles étaient charmantes, surtout l'aînée,
une blondine de dix-huit ans, fraîche comme une
fleur, et si fine, si mignonne! Vraiment, les jolies
Anglaises ont bien l'air de tendres fruits de la mer.
On aurait dit que celle-là venait de sortir du sable
et que ses cheveux en avaient gardé la nuance. Elles
font penser, avec leur fraîcheur exquise, aux couleurs délicates des coquilles roses et aux perles na-
crées, rares, mystérieuses, écloses dans les profondeurs inconnues des océans.

« Elle parlait un peu mieux que son père, et
elle nous servit d'interprète. Il fallut raconter le
naufrage dans ses moindres détails, que j'inventai,
comme si j'eusse assisté à la catastrophe. Puis,
toute la famille descendit dans l'intérieur de l'épave.
Dès qu'ils eurent pénétré dans cette sombre galerie,
à peine éclairée, ils poussèrent des cris d'étonnement et d'admiration ; et soudain le père et les trois
filles tinrent en leurs mains des albums, cachés
sans doute dans leurs grands vêtements imper-
méables, et ils commencèrent en même temps
quatre croquis au crayon de ce lieu triste et bizarre.

« Ils s'étaient assis, côte à côte, sur une poutre
en saillie, et les quatre albums, sur les huit genoux,
se couvraient de petites lignes noires qui devaient
représenter le ventre entr'ouvert du *Marie-Joseph*.

« Tout en travaillant, l'aînée des fillettes causait
avec moi, qui continuais à inspecter le squelette du
navire.

« J'appris qu'ils passaient l'hiver à Biarritz et

3

qu'ils étaient venus tout exprès à l'île de Ré pour
contempler ce trois-mâts enlisé. Ils n'avaient rien
de la morgue anglaise, ces gens; c'étaient de simples
et braves toqués, de ces errants éternels dont l'An-
gleterre couvre le monde. Le père, long, sec, la
figure rouge encadrée de favoris blancs, vrai sand-
wich vivant, une tranche de jambon découpée en
tête humaine entre deux coussinets de poils; les
filles, hautes sur jambes, de petits échassiers en
croissance, sèches aussi, sauf l'aînée, et gentilles
toutes trois, mais surtout la plus grande.

« Elle avait une si drôle de manière de parler, de
raconter, de rire, de comprendre et de ne pas comprendre, de lever les yeux pour m'interroger, des
yeux bleus comme l'eau profonde, de cesser de
dessiner pour deviner, de se remettre au travail
et de dire « yes » ou « nô », que je serais demeuré
un temps indéfini à l'écouter et à la regarder.

« Tout à coup, elle murmura :

« — J'entendai une petite mouvement sur cette
bateau.

« Je prêtai l'oreille, et je distinguai aussitôt un
léger bruit, singulier, continu. Qu'était-ce? Je me
levai pour aller regarder par la fente, et je poussai
un cri violent. La mer nous avait rejoints; elle allait
nous entourer!

« Nous fûmes aussitôt sur le pont. Il était trop
tard. L'eau nous cernait, et elle courait vers la côte
avec une prodigieuse vitesse. Non, cela ne courait
pas, cela glissait, rampait, s'allongeait comme une
tache démesurée. A peine quelques centimètres

d'eau couvraient le sable; mais on ne voyait plus déjà la ligne fuyante de l'imperceptible flot.

« L'Anglais voulut s'élancer; je le retins; la fuite était impossible, à cause des mares profondes que nous avions dû contourner en venant, et où nous tomberions au retour.

« Ce fut, dans nos cœurs, une minute d'horrible angoisse. Puis, la petite Anglaise se mit à sourire et murmura :

« — Ce été nous les naufragés !

« Je voulus rire; mais la peur m'étreignait, une peur lâche, affreuse, basse et sournoise comme ce flot. Tous les dangers que nous courions m'apparurent en même temps. J'avais envie de crier : « Au secours ! » Vers qui ?

« Les deux petites Anglaises s'étaient blotties contre leur père, qui regardait, d'un œil consterné, la mer démesurée autour de nous.

« Et la nuit tombait, aussi rapide que l'Océan montant, une nuit lourde, humide, glacée.

« Je dis :

« — Il n'y a rien à faire qu'à demeurer sur ce bateau.

« L'Anglais répondit :

« — Oh! yes !

« Et nous restâmes là un quart d'heure, une demi-heure, je ne sais, en vérité, combien de temps, à regarder, autour de nous, cette eau jaune qui s'épaississait, tournait, semblait bouillonner, semblait jouer sur l'immense grève reconquise.

« Une des fillettes eut froid, et l'idée nous vint

de redescendre, pour nous mettre à l'abri de la brise
légère, mais glacée, qui nous effleurait et nous
piquait la peau.

« Je me penchai sur la trappe. Le navire était
plein d'eau. Nous dûmes alors nous blottir contre le
bordage d'arriére, qui nous garantissait un peu.

« Les ténèbres, à présent, nous enveloppaient
et nous restions serrés les uns contre les autres,
entourés d'ombre et d'eau. Je sentais trembler,
contre mon épaule, l'épaule de la petite Anglaise,
dont les dents claquaient par instants ; mais je sentais aussi la chaleur douce de son corps à travers les
étoffes, et cette chaleur m'était délicieuse comme
un baiser. Nous ne parlions plus ; nous demeurions
immobiles, muets, accroupis comme des bêtes dans
un fossé, aux heures d'ouragan. Et pourtant, malgré tout, malgré la nuit, malgré le danger terrible
et grandissant, je commençais à me sentir heureux
d'être là, heureux du froid et du péril, heureux de
ces longues heures d'ombre et d'angoisse à passer
sur cette planche, si près de cette jolie et mignonne
fillette.

« Je me demandais pourquoi cette étrange sensation de bien-être et de joie qui me pénétrait.

« Pourquoi ? Sait-on ? Parce qu'elle était là ? Qui,
elle ? Une petite Anglaise inconnue ? Je ne l'aimais
pas, je ne la connaissais point, et je me sentais
attendri, conquis ! J'aurais voulu la sauver, me
dévouer pour elle, faire mille folies ? Étrange chose !
Comment se fait-il que la présence d'une femme
nous bouleverse ainsi ! Est-ce la puissance de sa

grâce qui nous enveloppe? la séduction de la joliesse
et de la jeunesse qui nous grise comme ferait le vin?

« N'est-ce pas plutôt une sorte de toucher de
l'amour, du mystérieux amour qui cherche sans
cesse à unir les êtres, qui tente sa puissance dès
qu'il a mis face à face l'homme et la femme, et qui
les pénètre d'émotion, d'une émotion confuse, sè-
crète, profonde, comme on mouille la terre pour y
faire pousser des fleurs !

« Mais le silence des ténèbres devenait effrayant,
le silence du ciel, car nous entendions autour de
nous, vaguement, un bruissement léger, infini, la
rumeur de la mer sourde qui montait et le monotone clapotement du courant contre le bateau.

« Tout à coup, j'entendis des sanglots. La plus
petite des Anglaises pleurait. Alors son père voulut la consoler, et ils se mirent à parler dans leur
langue, que je ne comprenais pas. Je devinai qu'il
la rassurait et qu'elle avait toujours peur.

« Je demandai à ma voisine :

« — Vous n'avez pas trop froid, miss?

« — Oh! si. J'avé froid beaucoup.

« Je voulus lui donner mon manteau, elle le
refusa; mais je l'avais ôté; je l'en couvris malgré
elle. Dans la courte lutte, je rencontrai sa main,
qui me fit passer un frisson charmant par tout le
corps.

« Depuis quelques minutes, l'air devenait plus
vif, le clapotis de l'eau plus fort contre les flancs du
navire. Je me dressai; un grand souffle me passa
sur le visage. Le vent s'élevait !

« L'Anglais s'en aperçut en même temps que
moi, et il dit simplement :

« — C'était mauvaise pour nous, cette...

« Assurément c'était mauvais, c'était la mort
certaine si des lames, même de faibles lames,
venaient attaquer et secouer l'épave, tellement brisée et disjointe que la première vague un peu rude
l'emporterait en bouillie.

« Alors notre angoisse s'accrut de seconde en
seconde avec les rafales de plus en plus fortes.
Maintenant, la mer brisait un peu, et je voyais dans
les ténèbres des lignes blanches paraître et disparaître, des lignes d'écume, tandis que chaque flot
heurtait la carcasse du *Marie-Joseph*, l'agitait d'un
court frémissement qui nous montait jusqu'au cœur.

« L'Anglaise tremblait ; je la sentais frissonner
contre moi, et j'avais une envie folle de la saisir dans
mes bras.

« Là-bas, devant nous, à gauche, à droite, derrière nous, des phares brillaient sur les côtes, des
phares blancs, jaunes, rouges, tournants, pareils à
des yeux énormes, à des yeux de géant qui nous
regardaient, nous guettaient, attendaient avidement
que nous eussions disparu. Un d'eux surtout m'irri-
tait. Il s'éteignait toutes les trente secondes pour se
rallumer aussitôt ; c'était bien un œil, celui-là, avec
sa paupière sans cesse baissée sur son regard de
feu.

« De temps en temps, l'Anglais frottait une allumette pour regarder l'heure ; puis il remettait sa
montre dans sa poche. Tout à coup, il me dit, par-

dessus les têtes de ses filles, avec une souveraine
gravité :

« — Môsieu, je vous souhaite bon année.

« Il était minuit. Je lui tendis ma main, qu'il
serra ; puis il prononça une phrase d'anglais, et soudain ses filles et lui se mirent à chanter le *God save
the Queen,* qui monta dans l'air noir, dans l'air muet,
et s'évapora à travers l'espace.

« J'eus d'abord envie de rire ; puis je fus saisi
par une émotion puissante et bizarre.

« C'était quelque chose de sinistre et de superbe,
ce chant de naufragés, de condamnés, quelque chose
comme une prière, et aussi quelque chose de plus
grand, de comparable à l'antique et sublime *Ave,
Cæsar, morituri te salutant.*

« Quand ils eurent fini, je demandai à ma voisine
de chanter toute seule une ballade, une légende,
ce qu'elle voudrait, pour nous faire oublier nos an-
goisses. Elle y consentit et aussitôt sa voix claire
et jeune s'envola dans la nuit. Elle chantait une
chose triste sans doute, car les notes traînaient longtemps, sortaient lentement de sa bouche, et vole-
taient, comme des oiseaux blessés, au-dessus des
vagues.

« La mer grossissait, battait maintenant notre
épave. Moi, je ne pensais plus qu'à cette voix. Et je
pensais aussi aux sirènes. Si une barque avait passé
près de nous, qu'auraient dit les matelots ? Mon
esprit tourmenté s'égarait dans le rêve ? Une sirène !
N'était-ce point, en effet, une sirène, cette fille de la
mer, qui m'avait retenu sur ce navire vermoulu et

qui, tout à l'heure, allait s'enfoncer avec moi dans
les flots?...

« Mais nous roulâmes brusquement tous les cinq
sur le pont, car le *Marie-Joseph* s'était affaissé sur
son flanc droit. L'Anglaise étant tombée sur moi, je
l'avais saisie dans mes bras, et follement, sans
savoir, sans comprendre, croyant venue ma dernière
seconde, je baisais à pleine bouche sa joue, sa tempe
et ses cheveux. Le bateau ne remuait plus; nous
autres aussi ne bougions point.

« Le père dit : « Kate! » Celle que je tenais
répondit « yes », et fit un mouvement pour se déga-
ger. Certes, à cet instant j'aurais voulu que le
bateau s'ouvrît en deux pour tomber à l'eau avec
elle.

« L'Anglais reprit :

« — Une petite bascoule, ce n'été rien. J'avé
mes trois filles conserves.

« Ne voyant point l'aînée, il l'avait crue perdue
d'abord !

« Je me relevai lentement, et, soudain, j'aperçus une lumière sur la mer, tout près de nous. Je
criai; on répondit. C'était une barque qui nous cherchait, le patron de l'hôtel ayant prévu notre imprudence.

« Nous étions sauvés. J'en fus désolé! On nous
cueillit sur notre radeau, et on nous ramena à Saint-
Martin.

« L'Anglais, maintenant, se frottait les mains et
murmurait :

« — Bonne souper! bonne souper!

« On soupa, en effet. Je ne fus pas gai, je regrettais le *Marie-Joseph*.

« Il fallut se séparer, le lendemain, après beaucoup d'étreintes et de promesses de s'écrire. Ils partirent vers Biarritz. Peu s'en fallut que je ne les suivisse.

« J'étais toqué; je faillis demander cette fillette en mariage. Certes, si nous avions passé huit jours ensemble, je l'épousais! Combien l'homme, parfois, est faible et incompréhensible!

« Deux ans s'écoulèrent sans que j'entendisse parler d'eux; puis je reçus une lettre de New-York. Elle était mariée, et me le disait. Et, depuis lors, nous nous écrivons tous les ans, au 1ᵉʳ janvier. Elle me raconte sa vie, me parle de ses enfants, de ses sœurs, jamais de son mari! Pourquoi! Ah! pourquoi?... Et, moi, je ne lui parle que du *Marie-Joseph*... C'est peut-être la seule femme que j'aie aimée... non... que j'aurais aimée... Ah!... voilà... sait-on?... Les événements vous emportent... Et puis... et puis... tout passe... Elle doit être vieille, à présent... je ne la reconnaîtrais pas... Ah! celle d'autrefois... celle de l'épave... quelle créature... divine! Elle m'écrit que ses cheveux sont tout blancs... Mon Dieu!... ça m'a fait une peine horrible... Ah! ses cheveux blonds... Non, la mienne n'existe plus... Que c'est triste... tout ça!... »

Paris. — L.-Imp. réunies, 7, rue Saint-Benoît.

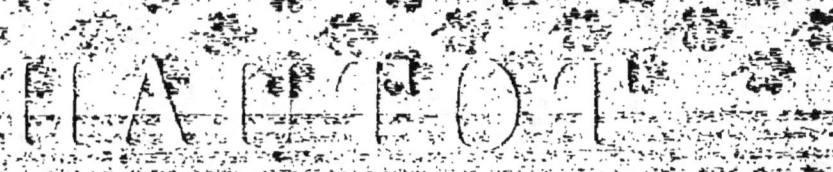

HAUTOT

PÈRE & FILS

Le présent Conte de GUY DE MAUPASSANT

a été illustré par Georges Jeanniot

dont les compositions héliogravées en creux

ont été retouchées à l'eau-forte et au burin

par Henry Manesse,

et tirées en taille-douce polychrome

par la Maison Wittmann

Sous la Direction du Président : OCTAVE UZANNE

Le texte

composé en italique spéciale de la fonderie Peignot

a été tiré sur les presses à bras de

l'Ancienne Maison Quantin

CONTES CHOISIS

DE

GUY DE MAUPASSANT

HAUTOT

PÈRE & FILS

PARIS

Imprimé pour la

SOCIÉTÉ DES BIBLIOPHILES CONTEMPORAINS

—

1892

CHAPITRE PREMIER

EVANT *la porte de la maison, demi-ferme, demi-manoir, une de ces habitations rurales mixtes qui furent presque seigneuriales et qu'occupent à présent de gros cultivateurs; les chiens, attachés aux pommiers de la cour, aboyaient et hurlaient à la vue des carnassières portées par le garde et des gamins. Dans la grande salle à manger-cuisine, Hautot père, Hautot fils, M. Bermont, le percepteur, et M. Mondaru, le notaire, cassaient une croûte et buvaient un verre avant de se mettre en chasse, car c'était jour d'ouverture.*

Hautot père, fier de tout ce qu'il possédait, vantait d'avance le gibier que ses invités allaient trouver sur ses terres. C'était un grand Normand, un de ces hommes puissants, sanguins, osseux, qui lèvent sur leurs épaules des voitures de pommes. Demi-paysan, demi-monsieur, riche, respecté, influent, autoritaire, il avait fait suivre ses classes, jusqu'en troisième, à son fils Hautot César, afin qu'il eût de l'instruction, et il avait arrêté là ses études de peur qu'il devînt un monsieur indifférent à la terre.

Hautot César, presque aussi haut que son père, mais plus maigre, était un bon garçon de fils, docile, content de tout, plein d'admiration, de respect et de déférence pour les volontés et les opinions de Hautot père.

M. Bermont, le percepteur, un petit gros qui montrait sur ses joues rouges de minces réseaux de veines violettes pareils aux affluents et au cours tortueux des fleuves sur les cartes de géographie, demandait :

— Et du lièvre — y en a-t-il, du lièvre ?...

Hautot père répondit :

— Tant que vous en voudrez, surtout dans les fonds du Puysatier.

— Par où commençons-nous ? interrogea le notaire, un bon vivant de notaire gras et pâle, bedonnant aussi et sanglé dans un costume de chasse tout neuf, acheté à Rouen l'autre semaine.

— Eh bien, par là, par les fonds. Nous jetterons les perdrix dans la plaine et nous nous rabattrons dessus.

Et Hautot père se leva. Tous l'imitèrent, prirent leurs fusils dans les coins, examinèrent les batteries, tapèrent du pied pour s'affermir dans leurs chaussures un peu dures, pas encore assouplies par la chaleur du sang ; puis ils sortirent ; et les chiens se dressant au bout des attaches poussèrent des hurlements aigus en battant l'air de leurs pattes.

On se mit en route vers les fonds. C'était un petit vallon, ou plutôt une grande ondulation de terres de mauvaise qualité, demeurées incultes pour cette raison, sillonnées de ravines, couvertes de fougères, excellente réserve de gibier.

Les chasseurs s'espacèrent, Hautot père tenant la droite, Hautot fils tenant la gauche, et les deux invités au milieu. Le

garde et les porteurs de carniers suivaient. C'était l'instant so-
lennel où on attend le premier coup de fusil, où le cœur bat un
peu, tandis que le doigt nerveux tâte à tout instant les gâchettes.

Soudain, il partit, ce coup ! Hautot père avait tiré. Tous s'ar-
rêtèrent et virent une perdrix, se détachant d'une compagnie qui
fuyait à tire-d'aile, tomber dans un ravin sous une broussaille
épaisse. Le chasseur excité se mit à courir, enjambant, arrachant
les ronces qui le retenaient, et il disparut à son tour dans le fourré,
à la recherche de sa pièce.

Presque aussitôt, un second coup de feu retentit.

— Ah ! ah! le gredin, cria M. Bermont, il aura déniché un
lièvre là-dessous.

Tous attendaient, les yeux sur ce tas de branches impénétrables
au regard.

Le notaire, faisant un porte-voix de ses mains, hurla : « Les
avez-vous? » Hautot père ne répondit pas ; alors, César, se tournant vers le garde, lui dit : « Va donc l'aider, Joseph. Il faut
marcher en ligne. Nous attendrons. »

Et Joseph, un vieux tronc d'homme sec, noueux, dont toutes
les articulations faisaient des bosses, partit d'un pas tranquille et
descendit dans le ravin, en cherchant les trous praticables avec des
précautions de renard. Puis, tout de suite, il cria :

— Oh ! v'nez ! v'nez ! y a un malheur d'arrivé.

Tous accoururent et plongèrent dans les ronces. Hautot père,
tombé sur le flanc, évanoui, tenait à deux mains son ventre d'où
coulaient à travers sa veste de toile déchirée par le plomb de longs
filets de sang sur l'herbe. Lâchant son fusil pour saisir la perdrix
morte à portée de sa main, il avait laissé tomber l'arme dont le
second coup, partant au choc, lui avait crevé les entrailles. On le
tira du fossé, on le dévêtit, et on vit une plaie affreuse par où les
intestins sortaient. Alors, après qu'on l'eut ligaturé tant bien que
mal, on le reporta chez lui et on attendit le médecin qu'on avait
été quérir, avec un prêtre.

Quand le docteur arriva, il remua la tête gravement et, se tournant vers Hautot fils qui sanglotait sur une chaise :

— *Mon pauvre garçon, dit-il, ça n'a pas bonne tournure.*

Mais quand le pansement fut fini, le blessé remua les doigts, ouvrit la bouche, puis les yeux, jeta devant lui des regards troubles, hagards, puis parut chercher dans sa mémoire, se souvenir, comprendre, et il murmura :

— *Nom d'un nom, ça y est !*

Le médecin lui tenait la main.

— *Mais non, mais non, quelques jours de repos seulement, ça ne sera rien.*

Hautot reprit :

— *Ça y est ! j'ai l'ventre crevé ! Je le sais bien.*

Puis soudain :

— *J'veux parler au fils, si j'ai le temps.*

Hautot fils, malgré lui, larmoyait et répétait comme un petit garçon :

— *P'pa, p'pa, pauv'e p'pa !*

Mais le père, d'un ton plus ferme :

— *Allons, pleure pu, c'est pas le moment. J'ai à te parler. Mets-toi là, tout près, ça sera vite fait, et je serai plus tranquille. Vous autres, une minute s'il vous plaît.*

Tous sortirent, laissant le fils en face du père.

Dès qu'ils furent seuls :

— *Écoute, fils, tu as vingt-quatre ans, on peut te dire les choses. Et puis il n'y a pas tant de mystère à ça que nous en mettons. Tu sais bien que ta mère est morte depuis sept ans, pas vrai, et que je n'ai pas plus de quarante-cinq ans, moi, vu que je me suis marié à dix-neuf. Pas vrai ?*

Le fils balbutia :

— *Oui, c'est vrai.*

— *Donc ta mère est morte depuis sept ans, et moi je suis resté*

*veuf. Eh bien! ce n'est pas un homme comme moi qui peut rester
veuf à trente-sept ans, pas vrai?*

Le fils répondit :

— Oui, c'est vrai.

Le père, haletant, tout pâle et la face crispée, continua :

*— Dieu! que j'ai mal! Eh bien, tu comprends. L'homme
n'est pas fait pour vivre seul, mais je ne voulais pas donner une
suivante à ta mère, vu que je lui avais promis ça. Alors... tu
comprends?*

— Oui, père.

*— Donc, j'ai pris une petite à Rouen, rue de l'Éperlan, 18,
au troisième, la seconde porte, — je te dis tout ça, n'oublie pas,
— mais une petite qui a été gentille tout plein pour moi, aimante,
dévouée, une vraie femme, quoi? Tu saisis, mon gars?*

— Oui, père.

*— Alors, si je m'en vas, je lui dois quelque chose, mais
quelque chose de sérieux qui la mettra à l'abri. Tu comprends?*

— Oui, père.

*— Je te dis que c'est une brave fille, mais là, une brave, et
que, sans toi, et sans le souvenir de ta mère, et puis sans la
maison où nous avons vécu tous trois, je l'aurais amenée ici, et
puis épousée, pour sûr... écoute... écoute... mon gars... j'aurais
pu faire un testament... je n'en ai point fait! Je n'ai pas voulu...
car il ne faut point écrire les choses... ces choses-là... ça nuit
trop aux légitimes... et puis ça embrouille tout... ça ruine tout le
monde! Vois-tu, le papier timbré, n'en faut pas, n'en fais jamais
usage. Si je suis riche, c'est que je ne m'en suis point servi de
ma vie. Tu comprends, mon fils!*

— Oui, père.

*— Écoute encore... Écoute bien... Donc, je n'ai pas fait de
testament... je n'ai pas voulu..., et puis je te connais, tu as bon
cœur, tu n'es pas ladre, pas regardant, quoi. Je me suis dit que,
sur ma fin, je te conterais les choses et que je te prierais de ne pas*

oublier la petite : — Caroline Donet, rue de l'Éperlan, 18, au troisième, la seconde porte, n'oublie pas. — Et puis, écoute encore. Vas-y tout de suite quand je serai parti — et puis arrange-toi pour qu'elle ne se plaigne pas de ma mémoire. — Tu as de quoi. — Tu le peux, — je te laisse assez... Écoute... En semaine on ne la trouve pas. Elle travaille chez Mme Moreau, rue Beauvoisine. Vas-y le jeudi. Ce jour-là elle m'attend. C'est mon jour, depuis six ans. Pauvre p'tite, va-t-elle pleurer !... Je te dis tout ça, parce que je te connais bien, mon fils. Ces choses-là, on ne les conte pas au public, ni au notaire, ni au curé. Ça se fait, tout le monde le sait, mais ça ne se dit pas, sauf nécessité. Alors personne d'étranger dans le secret, personne que la famille, parce que la famille, c'est tous en un seul. Tu comprends ?

— Oui, père.

— Tu promets ?

— Oui, père.

— Tu jures ?

— Oui, père.

— Je t'en prie, je t'en supplie, fils, n'oublie pas. J'y tiens.

— Non, père.

— Tu iras toi-même. Je veux que tu t'assures de tout.

— Oui, père.

— Et puis, tu verras... tu verras ce qu'elle t'expliquera. Moi je ne peux pas te dire plus. C'est juré.

— Oui, père.

— C'est bon, mon fils. Embrasse-moi. Adieu. Je vas claquer, j'en suis sûr. Dis-leur qu'ils entrent.

Hautot fils embrassa son père en gémissant, puis, toujours docile, ouvrit la porte, et le prêtre parut, en surplis blanc, portant les saintes huiles.

Mais le moribond avait fermé les yeux, et il refusa de les rouvrir, il refusa de répondre, il refusa de montrer, même par un signe, qu'il comprenait.

Il avait assez parlé, cet homme, il n'en pouvait plus. Il se sentait d'ailleurs à présent le cœur tranquille, il voulait mourir en paix. Qu'avait-il besoin de se confesser au délégué de Dieu, puisqu'il venait de se confesser à son fils, qui était de la famille, lui?

Il fut administré, purifié, absous, au milieu de ses amis et de ses serviteurs agenouillés, sans qu'un seul mouvement de son visage révélât qu'il vivait encore.

Il mourut vers minuit, après quatre heures de tressaillements indiquant d'atroces souffrances.

CHAPITRE II

E *fut le mardi qu'on l'enterra, la chasse ayant ouvert le dimanche. Rentré chez lui, après avoir conduit son père au cimetière, César Hautot passa le reste du jour à pleurer. Il dormit à peine la nuit suivante et il se sentit si triste en s'éveillant qu'il se demandait comment il pourrait continuer à vivre.*

Jusqu'au soir cependant il songea que, pour obéir à la dernière volonté paternelle, il devait se rendre à Rouen le lendemain, et voir cette fille Caroline Donet qui demeurait rue de l'Éperlan, 18, au troisième étage, la seconde porte. Il avait répété, tout bas, comme on marmotte une prière, ce nom et cette adresse, un nombre incalculable de fois, afin de ne pas les oublier, et il finissait par les balbutier indéfiniment, sans pouvoir s'arrêter ou penser à quoi que ce fût, tant sa langue et son esprit étaient possédés par cette phrase.

Donc le lendemain, vers huit heures, il ordonna d'atteler

Graindorge au tilbury et partit au grand trot du lourd cheval
normand sur la grand'route d'Ainville à Rouen. Il portait sur le dos
sa redingote noire, sur la tête son grand chapeau de soie et sur
les jambes sa culotte à sous-pieds, et il n'avait pas voulu, vu la
circonstance, passer par-dessus son beau costume la blouse bleue
qui se gonfle au vent, garantit le drap de la poussière et des taches,
et qu'on ôte prestement à l'arrivée, dès qu'on a sauté de voiture.

Il entra dans Rouen alors que dix heures sonnaient, s'arrêta
comme toujours à l'hôtel des Bons-Enfants, rue des Trois Mares,
subit les embrassades du patron, de la patronne et de ses cinq fils,
car on connaissait la triste nouvelle ; puis il dut donner des détails
sur l'accident, ce qui le fit pleurer, repousser les services de toutes
ces gens, empressés parce qu'ils le savaient riche, et refuser
même leur déjeuner, ce qui les froissa.

Ayant donc épousseté son chapeau, brossé sa redingote et
essuyé ses bottines, il se mit à la recherche de la rue de l'Éperlan,
sans oser prendre de renseignements près de personne, de crainte
d'être reconnu et d'éveiller les soupçons.

. A la fin, ne trouvant pas, il aperçut un prêtre et, se fiant à la
discrétion professionnelle des hommes d'église, il s'informa auprès
de lui. Il n'avait que cent pas à faire, c'était justement la deuxième
rue à droite.

Alors, il hésita. Jusqu'à ce moment, il avait obéi comme une
brute à la volonté du mort. Maintenant il se sentait tout remué,
confus, humilié à l'idée de se trouver, lui, le fils, en face de cette
femme qui avait été la maîtresse de son père. Toute la morale qui
gît en nous, tassée au fond de nos sentiments par des siècles d'en-
seignement héréditaire, tout ce qu'il avait appris depuis le caté-
chisme sur les créatures de mauvaise vie, le mépris instinctif que
tout homme porte en lui contre elles, même s'il en épouse une,
toute son honnêteté bornée de paysan, tout cela s'agitait en lui,
le retenait, le rendait honteux et rougissant.

Mais il pensa : — « J'ai promis au père. Faut pas y man-

quer. » Alors il poussa la porte entre-bâillée de la maison marquée du numéro 18, découvrit un escalier sombre, monta trois
étages, aperçut une porte, puis une seconde, trouva une ficelle de
sonnette et tira dessus. Le din-din qui retentit dans la chambre
voisine lui fit passer un frisson dans le corps. La porte s'ouvrit
et il se trouva en face d'une jeune dame très bien habillée, brune,
au teint coloré, qui le regardait avec des yeux stupéfaits.

Il ne savait que lui dire, et, elle, qui ne se doutait de rien, et
qui attendait l'autre, ne l'invitait pas à entrer. Ils se contemplèrent
ainsi pendant près d'une demi-minute. A la fin, elle demanda :

— Vous désirez, monsieur ?

Il murmura :

— Je suis Hautot fils.

Elle eut un sursaut, devint pâle, et balbutia comme si elle le
connaissait depuis longtemps :

— Monsieur César ?

— Oui.

— Et alors ?

— J'ai à vous parler de la part du père.

Elle fit — Oh ! mon Dieu ! — et recula pour qu'il entrât. Il
ferma la porte et la suivit.

Alors il aperçut un petit garçon de quatre ou cinq ans, qui
jouait avec un chat, assis par terre devant un fourneau d'où
montait une fumée de plats tenus au chaud.

— Asseyez-vous, disait-elle.

Il s'assit... Elle demanda :

— Eh bien ?

Il n'osait plus parler, les yeux fixés sur la table dressée au
milieu de l'appartement, et portant trois couverts, dont un
d'enfant. Il regardait la chaise tournée dos au feu, l'assiette, la
serviette, les verres, la bouteille de vin rouge entamée et la bouteille de vin blanc intacte. C'était la place de son père, dos au feu !
On l'attendait. C'était son pain qu'il voyait, qu'il reconnaissait

près de la fourchette, car la croûte était enlevée à cause des mauvaises dents d'Hautot. Puis, levant les yeux, il aperçut, sur le mur, son portrait, la grande photographie faite à Paris l'année de l'Exposition, la même qui était clouée au-dessus du lit dans la chambre à coucher d'Ainville. — La jeune femme reprit :

— Eh bien, monsieur César ?

Il la regarda. Une angoisse l'avait rendue livide et elle attendait, les mains tremblantes de peur.

Alors il osa.

— Eh bien, mam'zelle, papa est mort dimanche, en ouvrant la chasse.

Elle fut si bouleversée qu'elle ne remua pas. Après quelques instants de silence, elle murmura d'une voix presque insaisissable :

— Oh ! pas possible !

Puis, soudain, des larmes parurent dans ses yeux, et levant ses mains, elle se couvrit la figure en se mettant à sangloter.

Alors, le petit tourna la tête, et voyant sa mère en pleurs, hurla. Puis, comprenant que ce chagrin subit venait de cet inconnu, il se rua sur César, saisit d'une main sa culotte et de l'autre il lui tapait la cuisse de toute sa force. Et César demeurait éperdu, attendri, entre cette femme qui pleurait son père et cet enfant qui défendait sa mère. Il se sentait lui-même gagné par l'émotion, les yeux enflés par le chagrin ; et, pour reprendre contenance, il se mit à parler.

— Oui, disait-il, le malheur est arrivé dimanche matin, sur les huit heures... Et il contait, comme si elle l'eût écouté, n'oubliant aucun détail, disant les plus petites choses avec une minutie de paysan. Et le petit tapait toujours, lui lançant à présent des coups de pied dans les chevilles.

Quand il arriva au moment où Hautot père avait parlé d'elle, elle entendit son nom, découvrit sa figure et demanda :

— Pardon, je ne vous suivais pas, je voudrais bien savoir... Si ça ne vous contrariait pas de recommencer.

Il recommença dans les mêmes termes : « Le malheur est arrivé dimanche matin sur les huit heures... »

Il dit tout, longuement, avec des arrêts, des points, des réflexions venues de lui, de temps en temps. Elle l'écoutait avidement, percevant avec sa sensibilité nerveuse de femme toutes les péripéties qu'il racontait, et tressaillant d'horreur, faisant : « Oh! mon Dieu ! » parfois. Le petit, la croyant calmée, avait cessé de battre César pour prendre la main de sa mère, et il écoutait aussi, comme s'il eût compris.

Quand le récit fut terminé, Hautot fils reprit :

— Maintenant, nous allons nous arranger ensemble suivant son désir. Écoutez, je suis à mon aise, il m'a laissé du bien. Je ne veux pas que vous ayez à vous plaindre...

Mais elle l'interrompit vivement.

— Oh ! monsieur César, monsieur César, pas aujourd'hui. J'ai le cœur coupé... Une autre fois, un autre jour... Non, pas aujourd'hui... Si j'accepte, écoutez... ce n'est pas pour moi... non, non, non, je vous le jure. C'est pour le petit. D'ailleurs, on mettra ce bien sur sa tête.

Alors César, effaré, devina, et balbutiant :

— Donc... c'est à lui... le p'tit?

— Mais oui, dit-elle.

Et Hautot fils regarda son frère avec une émotion confuse, forte et pénible.

Après un long silence, car elle pleurait de nouveau, César, tout à fait gêné, reprit :

— Eh bien, alors, mam'zelle Donet, je vas m'en aller. Quand voulez-vous que nous parlions de ça?

Elle s'écria :

— Oh ! non, ne partez pas, ne partez pas, ne me laissez pas toute seule avec Émile ! Je mourrais de chagrin. Je n'ai plus personne, personne que mon petit. Oh ! quelle misère, quelle misère, monsieur César. Tenez, asseyez-vous. Vous allez encore me

parler. Vous me direz ce qu'il faisait, là-bas, toute la semaine.

Et César s'assit, habitué à obéir.

Elle approcha, pour elle, une autre chaise de la sienne, devant le fourneau où les plats mijotaient toujours, prit Émile sur ses genoux, et elle demanda à César mille choses sur son père, des choses intimes où l'on voyait, où il sentait sans raisonner qu'elle avait aimé Hautot de tout son pauvre cœur de femme.

Et, par l'enchaînement naturel de ses idées, peu nombreuses, il en revint à l'accident et se remit à le raconter avec tous les mêmes détails.

Quand il dit : « Il avait un trou dans le ventre, on y aurait mis les deux poings », elle poussa une sorte de cri, et les sanglots jaillirent de nouveau de ses yeux. Alors, saisi par la contagion, César se mit aussi à pleurer, et comme les larmes attendrissent toujours les fibres du cœur, il se pencha vers Émile dont le front se trouvait à portée de sa bouche et l'embrassa.

La mère, reprenant haleine, murmurait :

— Pauvre gars, le voilà orphelin.

— Moi aussi, dit César.

Et ils ne parlèrent plus.

Mais soudain, l'instinct pratique de ménagère, habituée à songer à tout, se réveilla chez la jeune femme.

— Vous n'avez peut-être rien pris de la matinée, monsieur César ?

— Non, mam'zelle.

— Oh ! vous devez avoir faim. Vous allez manger un morceau.

— Merci, dit-il, je n'ai pas faim, j'ai eu trop de tourment.

Elle répondit :

— Malgré la peine, faut bien vivre, vous ne me refuserez pas ça ! Et puis vous resterez un peu plus. Quand vous serez parti, je ne sais pas ce que je deviendrai.

Il céda, après quelque résistance encore, et s'asseyant dos au feu, en face d'elle, il mangea une assiette de tripes qui crépitaient dans le fourneau et but un verre de vin rouge. Mais il ne permit point qu'elle débouchât le vin blanc.

Plusieurs fois il essuya la bouche du petit qui avait barbouillé de sauce tout son menton.

Comme il se levait pour partir, il demanda :

— Quand est-ce voulez-vous que je revienne pour parler de l'affaire, mam'zelle Donet ?

— Si ça ne vous faisait rien, jeudi prochain, monsieur César. Comme ça je ne perdrais pas de temps. J'ai toujours mes jeudis libres.

— Ça me va, jeudi prochain.

— Vous viendrez déjeuner, n'est-ce pas ?

Oh ! quant à ça, je ne peux pas le promettre.

— C'est qu'on cause mieux en mangeant. On a plus de temps aussi.

— Eh bien, soit. Midi, alors.

Et il s'en alla après avoir encore embrassé le petit Émile, et serré la main de Mlle Donet.

CHAPITRE III

A semaine parut longue à César Hautot. Jamais il ne s'était trouvé seul et l'isolement lui semblait insupportable. Jusqu'alors, il vivait à côté de son père, comme son ombre, le suivait aux champs, surveillait l'exécution de ses ordres, et quand il l'avait quitté pendant quelque temps le retrouvait au dîner. Ils passaient les soirs à fumer leurs pipes en face l'un de l'autre, en causant chevaux, vaches ou moutons; et la poignée de main qu'ils se donnaient au réveil semblait l'échange d'une affection familiale et profonde.

Maintenant César était seul. Il errait par les labours d'automne, s'attendant toujours à voir se dresser au bout d'une plaine la grande silhouette gesticulante du père. Pour tuer les *heures, il entrait chez les voisins, racontait l'accident à tous ceux qui ne l'avaient pas entendu, le répétait quelquefois aux autres. Puis, à bout d'occupations et de pensées, il s'asseyait au bord d'une route en se demandant si cette vie-là allait durer longtemps.*

Souvent il songea à Mlle Donet. Elle lui avait plu. Il l'avait trouvée comme il faut, douce et brave fille, comme avait dit le père. Oui, pour une brave fille, c'était assurément une brave fille. Il était résolu à faire les choses grandement et à lui donner deux mille francs de rente en assurant le capital à l'enfant. Il éprouvait même un certain plaisir à penser qu'il allait la revoir le jeudi suivant, et arranger cela avec elle. Et puis l'idée de ce frère, de ce petit bonhomme de cinq ans, qui était le fils de son père, le tracassait, l'ennuyait un peu et l'échauffait en même temps. C'était une espèce de famille qu'il avait là dans ce mioche clandestin qui ne s'appellerait jamais Hautot, une famille qu'il pouvait prendre ou laisser à sa guise, mais qui lui rappelait le père.

Aussi quand il se vit sur la route de Rouen, le jeudi matin, emporté par le trot sonore de Graindorge, il sentit son cœur plus léger, plus reposé qu'il ne l'avait encore eu depuis son malheur.

En entrant dans l'appartement de Mlle Donet, il vit la table mise comme le jeudi précédent, avec cette seule différence que la croûte du pain n'était pas ôtée.

Il serra la main de la jeune femme, baisa Émile sur les joues et s'assit, un peu comme chez lui, le cœur gros tout de même. Mlle Donet lui parut un peu maigrie, un peu pâlie.

Elle avait dû rudement pleurer.

Elle avait maintenant un air gêné devant lui comme si elle eût compris ce qu'elle n'avait pas senti l'autre semaine sous le premier coup de son malheur, et elle le traitait avec des égards excessifs, une humilité douloureuse, et des soins

*touchants comme pour lui payer en attention et en dévouement
les bontés qu'il avait pour elle. Ils déjeunèrent longuement,
en parlant de l'affaire qui l'amenait. Elle ne voulait pas
tant d'argent. C'était trop, beaucoup trop. Elle gagnait assez
pour vivre, elle, mais elle désirait seulement qu'Émile trouvât
quelques sous devant lui quand il serait grand. César tint bon,
et ajouta même un cadeau de mille francs pour elle, pour son
deuil.*

Comme il avait pris son café, elle demanda :
— Vous fumez ?
— Oui... J'ai ma pipe.

*Il tâta sa poche. Nom d'un nom, il l'avait oubliée ! Il allait
se désoler quand elle lui offrit une pipe du père, enfermée dans
une armoire. Il accepta, la prit, la reconnut, la flaira, proclama
sa qualité avec une émotion dans la voix, l'emplit de tabac et
l'alluma. Puis il mit Émile à cheval sur sa jambe et le fit jouer
au cavalier pendant qu'elle desservait la table et enfermait, dans
le bas du buffet, la vaisselle sale pour la laver, quand il serait
sorti.*

*Vers trois heures, il se leva à regret, tout ennuyé à l'idée de
partir.*

*— Eh bien ! mam'zelle Donet, dit-il, je vous souhaite le
bonsoir et charmé de vous avoir trouvée comme ça.*

*Elle restait devant lui, rouge, bien émue, et le regardait en
songeant à l'autre.*

— Est-ce que nous ne nous reverrons plus ? dit-elle.
Il répondit simplement :
— Mais oui, mam'zelle, si ça vous fait plaisir.

*— Certainement, monsieur César. Alors, jeudi prochain, ça
vous irait-il ?*

— Oui, mam'zelle Donet.

— *Vous venez déjeuner, bien sûr ?*

— *Mais..., si vous voulez bien, je ne refuse pas.*

— *C'est entendu, monsieur César, jeudi prochain, midi, comme aujourd'hui.*

— *Jeudi midi, mam'zelle Donet !*

GUY DE MAUPASSANT

(CONTES CHOISIS)

LE LOUP

LE LOUP

HISTOIRE DE CHASSE

Ce conte de MAUPASSANT, LE LOUP
a été entièrement illustré et gravé
à l'eau-forte relevée d'aqua-tinte
par EVERT VAN MUYDEN
sous la direction du Président fondateur
M OCTAVE UZANNE

Le texte a été gravé au burin
par A LECLÈRE

Contes choisis

DE GUY DE MAUPASSANT

LE LOUP

HISTOIRE DE CHASSE

Illustrations de Evert Van Muyden

à PARIS

Imprimé en Taille-Douce

POUR L'ACADÉMIE DES BEAUX LIVRES

Société des Bibliophiles Contemporains

Novembre 1891

LE LOUP

HISTOIRE DE CHASSE

Voici ce que nous raconta le vieux marquis d'Arville à la fin du dîner de Saint-Hubert, chez le baron des Ravels.

On avait forcé un cerf dans le jour. Le marquis était le seul des convives qui n'eût point pris part à cette poursuite, car il ne chassait jamais.

Pendant toute la durée du grand repas, on n'avait guère parlé que de massacres d'animaux. Les femmes elles-mêmes s'intéressaient aux récits sanguinaires et souvent invraisemblables, et les orateurs mimaient les attaques et les combats d'hommes contre les bêtes, levaient les bras, contaient d'une voix tonnante.

M. d'Arville parlait bien, avec une certaine poésie un peu ronflante, mais pleine d'effet. Il avait dû répéter souvent cette histoire, car il la disait couramment, n'hésitant pas sur les mots choisis avec habileté pour faire image.

— Messieurs, je n'ai jamais chassé, mon père non plus, mon grand-père non plus, et, non plus, mon arrière-grand-père. Ce dernier était fils d'un homme qui chassa plus que vous tous. Il mourut en 1764. Je vous dirai comment.

Il se nommait Jean, était marié, père de cet enfant qui fut mon trisaïeul, et il habitait avec son frère cadet, François d'Arville, notre château de Lorraine, en pleine forêt.

François d'Arville était resté garçon par amour de la chasse.

Ils chassaient tous deux d'un bout à l'autre de l'année, sans repos, sans arrêt, sans lassitude. Ils n'aimaient que cela, ne comprenaient pas autre chose, ne parlaient que de cela, ne vivaient que pour cela.

Ils avaient au cœur cette passion terrible, inexorable.

Elle les brûlait, les ayant envahis tout entiers, ne laissant de place pour rien autre.

Ils avaient défendu qu'on les dérangeât jamais en chasse, pour aucune raison. Mon trisaïeul naquit pendant que son père suivait un renard, et Jean d'Arville n'interrompit point sa course, mais il jura : Nom d'un nom, ce gredin-là aurait bien pu attendre après l'hallali !

Son frère François se montrait encore plus emporté que lui. Dès le lever, il allait voir les chiens, puis les chevaux, puis il tirait des oiseaux autour du château jusqu'au moment de partir pour forcer quelque grosse bête.

On les appelait dans le pays : M. le marquis et M. le Cadet, les nobles d'alors ne faisant point, comme la noblesse d'occasion de notre temps, qui veut établir dans les titres une hiérarchie descendante, car le fils d'un marquis n'est pas plus comte, ni le fils d'un vicomte baron, que le fils d'un général n'est colonel de naissance. Mais la vanité mesquine du jour trouve profit à cet arrangement.

Je reviens à mes ancêtres.

Ils étaient, paraît-il, démesurément grands, osseux, poilus, violents et vigoureux. Le jeune, plus haut encore que l'aîné, avait une voix tellement forte que, suivant une légende dont il était fier, toutes les feuilles de la forêt s'agitaient quand il criait.

Et lorsqu'ils se mettaient en selle tous deux pour partir en chasse, ce devait être un spectacle superbe de voir ces deux géants enfourcher leurs grands chevaux.

Or, vers le milieu de l'hiver de cette année 1764, les froids furent excessifs et les loups devinrent féroces.

Ils attaquaient même les paysans attardés, rôdaient la nuit autour des maisons, hurlaient du coucher du soleil à son lever et dépeuplaient les étables.

Et bientôt une rumeur circula. On parlait d'un loup colossal, au pelage gris, presque blanc, qui avait mangé deux enfants, dévoré le bras d'une femme, étranglé tous les chiens de garde du pays et qui pénétrait sans peur dans les enclos pour venir flairer sous les portes. Tous les habitants affirmaient avoir senti son souffle qui faisait vaciller la

flamme des lumières. Et bientôt une panique courut par toute la province. Personne n'osait plus sortir dès que tombait le soir. Les ténèbres semblaient hantées par l'image de cette bête.

Les frères d'Arville résolurent de la trouver et de la tuer, et ils convièrent à de grandes chasses tous les gentilshommes du pays.

Ce fut en vain. On avait beau battre les forêts, fouiller les buissons, on ne la rencontrait jamais. On tuait des loups, mais pas celui-là. Et, chaque nuit qui suivait la battue, l'animal, comme pour se venger, attaquait quelque voyageur ou dévorait quelque bétail, toujours loin du lieu où on l'avait cherché.

Une nuit enfin, il pénétra dans l'étable aux porcs du château d'Arville et mangea les deux plus beaux élèves.

Les deux frères furent enflammés de colère, considérant cette attaque comme une bravade du monstre, une injure directe, un défi. Ils prirent tous leurs forts limiers habitués à poursuivre les bêtes redoutables, et ils se mirent en chasse, le cœur soulevé de fureur.

— 5 —

Depuis l'aurore jusqu'à l'heure où le soleil empourpré descendit derrière les grands arbres nus, ils battirent les fourrés sans rien trouver.

Tous deux enfin, furieux et désolés, revenaient au pas de leurs chevaux par une allée bordée de broussailles, et s'étonnaient de leur science déjouée par ce loup, saisis soudain d'une sorte de crainte mystérieuse.

L'aîné disait :

— Cette bête-là n'est point ordinaire. On dirait qu'elle pense comme un homme.

Le cadet répondit :

— On devrait peut-être faire bénir une balle par notre cousin l'évêque, ou prier quelque prêtre de prononcer les paroles qu'il faut.

Puis ils se turent.

Jean reprit :

— Regarde le soleil s'il est rouge. Le grand loup va faire quelque malheur cette nuit.

Il n'avait pas fini de parler que son cheval se cabra ;

celui de François se mit à ruer. Un large buisson couvert de feuilles mortes s'ouvrit devant eux, et une bête colossale, toute grise, surgit, qui détala à travers le bois.

Tous deux poussèrent une sorte de grognement de joie, et, se courbant sur l'encolure de leurs puissants chevaux, ils les jetèrent en avant d'une poussée de tout leur corps, les lançant d'une telle allure, les excitant, les entraînant, les affolant de la voix, du geste et de l'éperon, que les forts cavaliers semblaient porter les lourdes bêtes entre leurs cuisses et les enlever comme s'ils s'envolaient.

Ils allaient ainsi, ventre à terre, crevant les fourrés, coupant les ravins, grimpant les côtes, dévalant les gorges, et sonnant du cor à pleins poumons pour attirer leurs gens et leurs chiens.

Et voilà que soudain, dans cette course éperdue, mon aïeul heurta du front une branche énorme qui lui fendit le crâne ; et il tomba raide mort sur le sol, tandis que son cheval affolé s'emportait, disparaissait dans l'ombre enveloppant les bois.

— ͵ —

Le cadet d'Arville s'arrêta net, sauta par terre, saisit dans ses bras son frère, et il vit que la cervelle coulait de la plaie avec le sang.

Alors il s'assit auprès du corps, posa sur ses genoux la tête défigurée et rouge, et il attendit en contemplant cette face immobile de l'aîné. Peu à peu une peur l'envahissait, une peur singulière qu'il n'avait jamais sentie encore, la peur de l'ombre, la peur de la solitude, la peur du bois désert et la peur aussi du loup fantastique qui venait de tuer son frère pour se venger d'eux.

Les ténèbres s'épaississaient, le froid aigu faisait craquer les arbres. François se leva, frissonnant, incapable de rester là plus longtemps, se sentant presque défaillir. On n'entendait plus rien, ni la voix des chiens ni le son des cors, tout était muet par l'invisible horizon; et ce silence morne du soir glacé avait quelque chose d'effrayant et d'étrange

Il saisit dans ses mains de colosse le grand corps de Jean, le dressa et le coucha en travers sur la selle pour le reporter au château; puis il se remit en marche doucement

l'esprit troublé comme s'il était gris, poursuivi par des images horribles et surprenantes.

Et, brusquement, dans le sentier qu'envahissait la nuit, une grande forme passa. C'était la bête. Une secousse d'épouvante agita le chasseur, quelque chose de froid, comme une goutte d'eau, lui glissa le long des reins, et il fit, ainsi qu'un moine hanté du diable, un grand signe de croix, éperdu à ce retour brusque de l'effrayant rôdeur. Mais ses yeux retombèrent sur le corps inerte couché devant lui, et soudain, passant brusquement de la crainte à la colère, il frémit d'une rage désordonnée.

Alors il piqua son cheval et s'élança derrière le loup.

Il le suivait par les taillis, les ravines et les futaies, traversant des bois qu'il ne reconnaissait plus, l'œil fixé sur la tache blanche qui fuyait dans la nuit descendue sur la terre.

Son cheval aussi semblait animé d'une force et d'une ardeur inconnues. Il galopait le cou tendu, droit devant lui, heurtant aux arbres, aux rochers, la tête et les pieds du mort jeté en travers sur la selle. Les ronces arrachaient les

cheveux; le front, battant les troncs énormes, les éclaboussait de sang; les éperons déchiraient des lambeaux d'écorce.

Et soudain, l'animal et le cavalier sortirent de la forêt et se ruèrent dans un vallon, comme la lune apparaissait au dessus des monts. Ce vallon était pierreux, fermé par des roches énormes, sans issue possible, et le loup acculé se retourna.

François alors poussa un hurlement de joie que les échos répétèrent comme un roulement de tonnerre, et il sauta de cheval, son coutelas à la main.

La bête hérissée, le dos rond, l'attendait; ses yeux luisaient comme deux étoiles. Mais, avant de livrer bataille, le fort chasseur, empoignant son frère, l'assit sur une roche, et, soutenant avec des pierres sa tête qui n'était plus qu'une tache de sang, il lui cria dans les oreilles, comme s'il eût parlé à un sourd : « Regarde, Jean, regarde ça ! »

Puis il se jeta sur le monstre. Il se sentait fort à culbuter une montagne, à broyer des pierres dans ses mains. La bête le voulut mordre, cherchant à lui fouiller

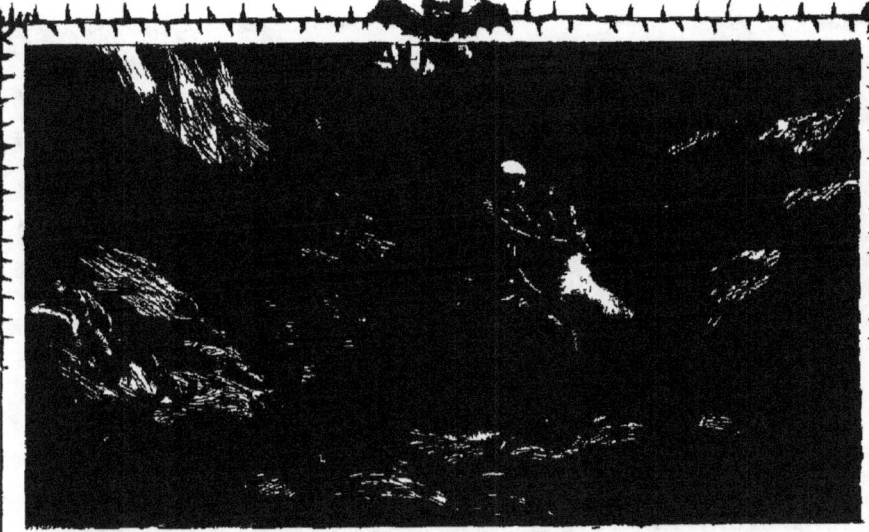

le ventre; mais il l'avait saisie par le cou, sans même se
servir de son arme, et il l'étranglait doucement, écoutant
s'arrêter les souffles de sa gorge et les battements de son
cœur. Et il riait, jouissant éperdument, serrant de plus en
plus sa formidable étreinte, criant, dans un délire de joie:
« Regarde, Jean, regarde! » Toute résistance cessa; le
corps du loup devint flasque. Il était mort.

Alors François, le prenant à pleins bras, l'emporta
et le vint jeter aux pieds de l'aîné en répétant d'une voix
attendrie: « Tiens, tiens, tiens, mon petit Jean, le voilà! »

Puis il replaça sur sa selle les deux cadavres l'un
sur l'autre, et il se remit en route.

Il rentra au château, riant et pleurant, comme Gar-
gantua à la naissance de Pantagruel, poussant des cris
de triomphe et trépignant d'allégresse en racontant la mort
de l'animal, et gémissant et s'arrachant la barbe en disant
celle de son frère.

Et souvent, plus tard, quand il reparlait de ce jour, il
prononçait, les larmes aux yeux: « Si seulement ce pauvre

« Jean avait pu me voir étrangler l'autre, il serait mort content, j'en suis sûr ! »

La veuve de mon aïeul inspira à son fils orphelin l'horreur de la chasse qui s'est transmise de père en fils jusqu'à moi.

Le marquis d'Arville se tut. Quelqu'un demanda :

— Cette histoire est une légende, n'est-ce pas ?

Et le conteur répondit :

— Je vous jure qu'elle est vraie d'un bout à l'autre.

Alors une femme déclara d'une petite voix douce :

— C'est égal, c'est beau d'avoir des passions pareilles !

Paris. — L.-Imp. réunies, 7, rue Saint-Benoît.

CONTES CHOISIS

DE

GUY DE MAUPASSANT

MADEMOISELLE FIFI

PARIS

Imprimé pour la

SOCIÉTÉ DES BIBLIOPHILES CONTEMPORAINS

1892

MADEMOISELLE FIFI

Le présent conte de GUY DE MAUPASSANT

MADEMOISELLE FIFI

a été illustré par MM. A. Gérardin et Charles Morel

dont les dessins dans le texte ont été gravés sur bois

par M. Jules Tinayre

et tirés sur les presses à bras

de l'Ancienne Maison Quantin

Les planches hors texte

ont été gravées sur cuivre par Hellé

CONTES CHOISIS

DE

GUY DE MAUPASSANT

MADEMOISELLE FIFI

PARIS

Imprimé pour la

SOCIÉTE DES BIBLIOPHILES CONTEMPORAINS

1892

MADEMOISELLE FIFI
Récit de Guerre.

L E major, commandant prussien, comte de Farlsberg, achevait de lire son courrier, le dos au fond d'un grand fauteuil de tapisserie et ses pieds bottés sur le marbre élégant de la cheminée, où ses éperons, depuis trois mois qu'ils occupaient le château d'Uville, avaient tracé deux trous profonds, fouillés un peu plus tous les jours.

Une tasse de café fumait sur un guéridon de marqueterie maculé par les liqueurs, brûlé par les cigares, entaillé par le canif de l'officier conquérant qui, parfois, s'arrêtant d'aiguiser un crayon, traçait sur le meuble gracieux des chiffres ou des dessins, à la fantaisie de son rêve nonchalant.

Quand il eut achevé ses lettres et parcouru les journaux allemands que son vaguemestre venait de lui apporter, il se leva, et, après avoir jeté au feu trois ou quatre énormes morceaux de bois vert, car ces messieurs abattaient peu à peu le parc pour se chauffer, il s'approcha de la fenêtre.

La pluie tombait à flots, une pluie normande qu'on aurait dit jetée par une main furieuse, une pluie en biais, épaisse comme un rideau, formant une sorte de mur à raies obliques, une pluie cinglante, éclaboussante, noyant tout, une vraie pluie des environs de Rouen, ce pot de chambre de la France.

L'officier regarda longtemps les pelouses inondées, et, là-bas, l'Andelle gonflée qui débordait; et il tambourinait contre la vitre une valse du Rhin, quand un bruit le fit se retourner : c'était son second, le baron de Kelweingstein, ayant le grade équivalent à celui de capitaine.

Le major était un géant, large d'épaules, orné d'une longue barbe en éventail formant nappe sur sa poitrine; et toute sa grande personne solennelle éveillait l'idée d'un paon militaire, un paon qui aurait porté sa queue déployée à son menton. Il avait des yeux bleus, froids et doux, une joue fendue d'un coup de sabre dans la guerre d'Autriche; et on le disait brave homme autant que brave officier.

Le capitaine, un petit rougeaud à gros ventre, sanglé de force, portait presque ras son poil ardent, dont les fils de feu auraient fait croire, quand

ils se trouvaient sous certains reflets, sa figure frottée de phos-
phore. Deux dents perdues dans une nuit de noce, sans qu'il se
rappelât au juste comment, lui faisaient cracher des paroles
épaisses, qu'on n'entendait pas toujours ; et il était chauve du
sommet du crâne seulement, tonsuré comme un moine, avec
une toison de petits cheveux frisés, dorés et luisants,
autour de ce cerceau de chair nue.

Le commandant lui
serra la main, et il
avala d'un trait sa

tasse de café (la sixième depuis le matin), en écoutant le rapport
de son subordonné sur les incidents survenus dans le service ; puis
tous deux se rapprochèrent de la fenêtre en déclarant que ce
n'était pas gai. Le major, homme tranquille, marié chez lui,
s'accommodait de tout ; mais le baron capitaine, viveur tenace,
coureur de bouges, forcené trousseur de filles, rageait d'être
enfermé depuis trois mois dans la chasteté obligatoire de ce poste
perdu.

Comme on grattait à la porte, le commandant cria d'ouvrir,
et un homme, un de leurs soldats automates, apparut dans l'ouverture, disant par sa seule présence que le déjeuner était prêt.

Dans la salle ils trouvèrent les trois officiers de moindre grade : un lieutenant, Otto de Grossling ; deux sous-lieutenants, Fritz Scheunaubourg, et le marquis Wilhem d'Eyrik, un tout petit blondin fier et brutal avec les hommes, dur aux vaincus, et violent comme une arme à feu.

Depuis son entrée en France, ses camarades ne l'appelaient plus que Mlle Fifi. Ce surnom lui venait de sa tournure coquette, de sa taille fine qu'on aurait dit tenue en un corset, de sa figure

pâle où sa naissante moustache apparaissait à peine, et aussi de l'habitude qu'il avait prise, pour exprimer son souverain mépris des êtres et des choses, d'employer à tout moment la locution française — fi, fi donc, qu'il prononçait avec un léger sifflement.

La salle à manger du château d'Uville était une longue et royale pièce dont les glaces de cristal ancien, étoilées de balles, et les hautes tapisseries des Flandres, tailladées à coups de sabre et pendantes par endroits, disaient les occupations de Mlle Fifi en ses heures de désœuvrement.

Sur les murs, trois portraits de famille, un guerrier vêtu de fer, un cardinal et un président, fumaient de longues pipes de porcelaine, tandis qu'en son cadre dédoré par les ans, une noble dame à poitrine serrée montrait d'un air arrogant une énorme paire de moustaches faite au charbon.

Et le déjeuner des officiers s'écoula presque en silence dans cette pièce mutilée, assombrie par l'averse, attristante par son aspect vaincu, et dont le vieux parquet de chêne était devenu solide comme un sol de cabaret.

A l'heure du tabac, quand ils commencèrent à boire, ayant fini de manger, ils se mirent, de même que chaque jour, à parler de leur ennui. Les

bouteilles de cognac et de liqueurs passaient de main en main; et tous, renversés sur leurs chaises, absorbaient à petits coups répétés, en gardant au coin de la bouche le long tuyau courbé que terminait l'œuf de faïence, toujours peinturluré comme pour séduire des Hottentots.

Dès que leur verre était vide, ils le remplissaient avec un geste de lassitude résignée. Mais Mlle Fifi cassait à tout moment le sien, et un soldat immédiatement lui en présentait un autre.

Un brouillard de fumée âcre les noyait, et ils semblaient

s'enfoncer dans une ivresse endormie et triste, dans cette saoulerie morne des gens qui n'ont rien à faire.

Mais le baron, soudain, se redressa. Une révolte le secouait ; il jura : « Nom de Dieu, ça ne peut pas durer, il faut inventer quelque chose à la fin ! »

Ensemble le lieutenant Otto et le sous-lieutenant Fritz, deux Allemands doués éminemment de physionomies allemandes lourdes et graves, répondirent : « Quoi, mon capitaine ? »

Il réfléchit quelques secondes, puis reprit : « Quoi ? Eh bien, il faut organiser une fête, si le commandant le permet. »

Le major quitta sa pipe : « Quelle fête, capitaine ? »

Le baron s'approcha : « Je me charge de tout, mon commandant. J'enverrai à Rouen le Devoir qui nous ramènera des dames ; je sais où les prendre. On préparera ici un souper ; rien ne manque d'ailleurs, et, au moins, nous passerons une bonne soirée. »

Le comte de Farlsberg haussa les épaules en souriant : « Vous êtes fou, mon ami. »

Mais tous les officiers s'étaient levés, entouraient leur chef, le suppliaient : — « Laissez faire le capitaine, mon commandant, c'est si triste ici. »

A la fin le major céda : « Soit », dit-il ; et aussitôt le baron fit appeler le Devoir. C'était un vieux sous-officier qu'on n'avait jamais vu rire, mais qui accomplissait fanatiquement tous les ordres de ses chefs, quels qu'ils fussent.

Debout, avec sa figure impassible, il reçut les instructions du baron ; puis il sortit ; et, cinq minutes plus tard, une grande voiture du train militaire, couverte d'une bâche de meunier tendue en dôme, détalait sous la pluie acharnée, au galop de quatre chevaux.

Aussitôt un frisson de réveil sembla courir dans les esprits ; les poses alanguies se redressèrent, les visages s'animèrent et on se mit à causer.

Bien que l'averse continuât avec autant de furie, le major affirma qu'il faisait moins sombre; et le lieutenant Otto annon‑ çait avec conviction que le ciel allait s'éclaircir. Mlle Fifi elle-même ne semblait pas tenir en place. Elle se levait, se rasseyait. Son œil clair et dur cherchait quelque chose à briser. Soudain, fixant la dame aux moustaches, le jeune blondin tira son revolver. « Tu ne verras pas cela, toi », dit‑il; et, sans quitter son siège, il visa. Deux balles successivement crevèrent les deux yeux du portrait.

Puis il s'écria :   « Faisons la mine ! » Et brusquement

les conversations s'interrompirent, comme si un intérêt puissant et nouveau se fût emparé de tout le monde.

La mine, c'était son invention, sa manière de détruire, son amusement préféré.

En quittant son château, le propriétaire légitime, le comte Fernand d'Amoys d'Uville, n'avait eu le temps de rien emporter ni de rien cacher, sauf l'argenterie enfouie dans le trou d'un mur. Or, comme il était fort riche et magnifique, son grand salon, dont la porte ouvrait dans la salle à manger, présentait, avant la fuite précipitée du maître, l'aspect d'une galerie de musée.

Aux murailles pendaient des toiles, des dessins et des aqua‑

relles de prix, tandis que sur les meubles, les étagères, et dans les
vitrines élégantes, mille bibelots, des potiches, des statuettes, des
bonshommes de Saxe et des magots de Chine, des ivoires anciens
et des verres de Venise, peuplaient le vaste appartement de leur
foule précieuse et bizarre.

Il n'en restait guère maintenant. Non qu'on les eût pillés, le
major comte de Farlsberg ne l'aurait point permis; mais Mlle Fifi,
de temps en temps, faisait la mine; et tous les officiers, ce
jour-là, s'amusaient vraiment pendant cinq minutes.

Le petit marquis alla chercher dans le salon ce qu'il lui
fallait. Il rapporta une toute mignonne théière de Chine
famille Rose qu'il emplit de poudre à canon, et, par le bec,
il introduisit délicatement un long morceau d'amadou, l'alluma,
et courut reporter cette machine infernale dans l'appartement
voisin.

Puis il revint bien vite, en fermant la porte. Tous les
Allemands attendaient, debout, avec la figure souriante d'une
curiosité enfantine; et, dès que l'explosion eut secoué le château,
ils se précipitèrent ensemble.

Mlle Fifi, entrée la première, battait des mains avec délire
devant une Vénus de terre cuite dont la tête avait enfin sauté;
et chacun ramassa des morceaux de porcelaine, s'étonnant
aux dentelures étranges des éclats, examinant les dégâts nou-
veaux, contestant certains ravages comme produits par l'explosion précédente; et le major considérait d'un air paternel le vaste
salon bouleversé par cette mitraille à la Néron et sablé de
débris d'objets d'art. Il en sortit le premier, en déclarant avec
bonhomie : « Ça a bien réussi, cette fois. »

Mais une telle trombe de fumée était entrée dans la salle à
manger, se mêlant à celle du tabac, qu'on ne pouvait plus
respirer. Le commandant ouvrit la fenêtre, et tous les officiers,
revenus pour boire un dernier verre de cognac, s'en approchèrent.

L'air humide s'engouffra dans la pièce, apportant une sorte

de poussière d'eau qui poudrait les barbes, et une odeur d'inondation.
Ils regardaient les grands arbres accablés sous l'averse, la
large vallée embrumée par ce dégorgement des nuages
sombres et bas, et tout au loin le clocher de l'église
dressé comme une pointe grise dans la pluie battante.

Depuis leur arrivée, il n'avait plus sonné. C'était,
du reste, la seule résistance que les envahisseurs
eussent rencontrée aux environs : celle du
clocher. Le curé ne s'était nullement refusé
à recevoir et à nourrir des soldats prussiens;
il avait même plusieurs fois accepté de boire
une bouteille de bière ou de bordeaux avec le
commandant ennemi, qui l'employait souvent
comme intermédiaire bienveillant; mais il
ne fallait pas lui demander un seul tintement
de sa cloche; il se serait plutôt laissé fusiller.
C'était sa manière à lui de protester contre
l'invasion, protestation pacifique, protestation

du silence, la seule, disait-il, qui convînt au prêtre, homme de douceur et non de sang : et tout le monde, à dix lieues à la ronde, vantait la fermeté, l'héroïsme de l'abbé Chantavoine, qui osait affirmer le deuil public, le proclamer, par le mutisme obstiné de son église.

Le village entier, enthousiasmé par cette résistance, était prêt à soutenir jusqu'au bout son pasteur, à tout braver, considérant cette protestation tacite comme la sauvegarde de l'honneur national. Il semblait aux paysans qu'ils avaient ainsi mieux mérité de la patrie que Belfort et que Strasbourg, qu'ils avaient donné un exemple équivalent, que le nom du hameau en deviendrait immortel ; et, hormis cela, ils ne refusaient rien aux Prussiens vainqueurs.

Le commandant et ses officiers riaient ensemble de ce courage inoffensif ; et comme le pays entier se montrait obligeant et souple à leur égard, ils toléraient volontiers son patriotisme muet.

Seul, le petit marquis Wilhem aurait bien voulu forcer la cloche à sonner. Il enrageait de la condescendance politique de son supérieur pour le prêtre ; et chaque jour il suppliait le commandant de le laisser faire « Ding-don-don », une fois, une seule petite fois, pour rire un peu seulement. Et il demandait cela avec des grâces de chatte, des cajoleries de femme, des douceurs de voix d'une maîtresse affolée par une envie ; mais le commandant ne cédait point, et Mlle Fifi, pour se consoler, faisait la mine dans le château d'Uville.

Les cinq hommes restèrent là, en tas, quelques minutes, aspirant l'humidité. Le lieutenant Fritz, enfin, prononça en jetant un rire pâteux : « Ces temoiselles, técitément, n'auront pas peau temps pour leur bromenate. »

Là-dessus, on se sépara, chacun allant à son service, et le capitaine ayant fort à faire pour les préparatifs du dîner.

Quand ils se retrouvèrent de nouveau à la nuit tombante, ils se mirent à rire en se voyant tous coquets et reluisants comme aux jours de grande revue, pommadés, parfumés, tout frais. Les cheveux du commandant semblaient moins gris que le matin ; et le capitaine s'était rasé, ne gardant que sa moustache, qui lui mettait une flamme sous le nez.

Malgré la pluie, on laissait la fenêtre ouverte ; et l'un d'eux parfois allait écouter. A six heures dix minutes, le baron signala un lointain roulement. Tous se précipitèrent ; et bientôt la grande voiture accourut, avec ses quatre chevaux toujours au galop, crottés jusqu'au dos, fumants et soufflants.

Et cinq femmes descendirent sur le perron, cinq belles filles choisies avec soin par un camarade du capitaine à qui le Devoir était allé porter une carte de son officier.

Elles ne s'étaient point fait prier, sûres d'être bien payées, connaissant d'ailleurs les Prussiens, depuis trois mois qu'elles en tâtaient, et prenant leur parti des hommes comme des choses. « C'est le métier qui veut ça », se disaient-elles en route, pour répondre sans doute à quelque picotement secret d'un reste de conscience.

Et tout de suite on entra dans la salle à manger. Illuminée, elle semblait plus lugubre encore en son délabrement piteux ; et la table couverte de viandes, de vaisselle riche et d'argenterie retrouvée dans le mur où l'avait cachée le propriétaire, donnait à ce lieu l'aspect d'une taverne de bandits qui soupent après un pillage. Le capitaine, radieux, s'empara des femmes comme d'une chose familière, les appréciant, les embrassant, les flairant, les évaluant à leur valeur de filles à plaisir ; et comme les trois jeunes gens voulaient en prendre chacun une, il s'y opposa avec autorité, se réservant de faire le partage, en toute justice, suivant les grades, pour ne blesser en rien la hiérarchie.

Alors, afin d'éviter toute discussion, toute contestation et tout soupçon de partialité, il les aligna par rang de taille, et s'adressant à la plus grande, avec le ton du commandement : « Ton nom ? »

Elle répondit en grossissant sa voix : « Paméla. »

Alors il proclama : « Numéro un, la nommée Paméla, adjugée au commandant. »

Ayant ensuite embrassé Blondine, la seconde, en signe de propriété, il offrit au lieutenant Otto la grosse Amanda, Éva

la Tomate au sous-lieutenant Fritz, et la plus petite de toutes, Rachel, une brune toute jeune, à l'œil noir comme une tache d'encre, une juive dont le nez retroussé confirmait la règle qui donne des becs courbes à toute sa race, au plus jeune des officiers, au frêle marquis Wilhem d'Eyrik.

Toutes, d'ailleurs, étaient jolies et grasses, sans

physionomies bien distinctes, faites à peu près
pareilles de tournure et de peau par les
pratiques d'amour quotidiennes et la vie commune des
maisons publiques.

Les trois jeunes gens prétendaient tout de suite
entraîner leurs femmes, sous prétexte de leur offrir des
brosses et du savon pour se nettoyer ; mais le capitaine s'y
opposa sagement, affirmant qu'elles étaient assez propres pour
se mettre à table, et que ceux qui monteraient voudraient changer
en descendant et troubleraient les autres couples. Son expérience
l'emporta. Il y eut seulement beaucoup de baisers, des baisers
d'attente.

Soudain, Rachel suffoqua, toussant aux larmes, et rendant
de la fumée par les narines. Le marquis, sous prétexte de
l'embrasser, venait de lui souffler un jet de tabac dans la
bouche.

Elle ne se fâcha point, ne dit pas un mot, mais elle
regarda fixement son possesseur avec une colère éveillée tout au
fond de son œil noir.

On s'assit. Le commandant lui-même semblait enchanté ; il
prit à sa droite Paméla, Blondine à sa gauche, et déclara, en

*dépliant sa serviette : « Vous avez eu là une charmante idée,
capitaine. »*

*Les lieutenants Otto et Fritz, polis comme auprès de femmes
du monde, intimidaient un peu leurs voisines ; mais le baron de
Kelweinghstein, lâché dans son vice, rayonnait, lançait des mots
grivois, semblait en feu avec sa couronne de cheveux rouges. Il
galantisait en français du Rhin ; et ses compliments de taverne,
expectorés par le trou des deux dents brisées, arrivaient aux filles
au milieu d'une mitraille de salive.*

*Elles ne comprenaient rien, du reste ; et leur intelligence ne
sembla s'éveiller que lorsqu'il cracha des paroles obscènes, des
expressions crues, estropiées par son accent. Alors, toutes
ensemble, elles commencèrent à rire comme des folles, tombant
sur le ventre de leurs voisins, répétant les termes que le baron
se mit alors à défigurer à plaisir pour leur faire dire des
ordures.*

*Elles en vomissaient à volonté, saoules aux premières bou-
teilles de vin ; et, redevenant elles, ouvrant la porte aux habitudes,
elles embrassaient les moustaches de droite et celles de gauche,
pinçaient les bras, poussaient des cris furieux, buvaient
dans tous les verres, chantaient des couplets français et des
bouts de chansons allemandes appris dans leurs rapports
quotidiens avec l'ennemi.*

*Bientôt les hommes eux-mêmes, grisés par cette chair de
femme étalée sous leur nez et sous leurs mains, s'affolèrent, hurlant, brisant la vaisselle, tandis que, derrière leur dos, des soldats
impassibles les servaient.*

Le commandant seul gardait de la retenue.

*Mᵘᵉ Fifi avait pris Rachel sur ses genoux, et, s'animant à
froid, tantôt il embrassait follement les frisons d'ébène de son cou,
humant par le mince intervalle entre la robe et la peau la douce
chaleur de son corps et tout le fumet de sa personne ; tantôt, à
travers l'étoffe, il la pinçait avec fureur, la faisant crier, saisi*

d'une férocité rageuse, travaillé par son besoin de ravage. Souvent aussi, la tenant à pleins bras, l'étreignant comme pour la mêler à lui, il appuyait longuement ses lèvres sur la bouche fraîche de la juive, la baisait à perdre haleine ; mais soudain il la mordit si profondément qu'une traînée de sang descendit sur le menton de la jeune femme et coula dans son corsage.

Encore une fois, elle le regarda bien en face, et, lavant la plaie, murmura : « Ça se paye, cela. »

Il se mit à rire, d'un rire dur. « Je payerai », dit-il. On arrivait au dessert ; on versait du champagne. Le commandant se leva, et du même ton qu'il aurait pris pour porter la santé de l'impératrice Augusta, il but :

« A nos dames ! » Et une série de toasts commença, des toasts d'une galanterie de soudards et de pochards, mêlés de plaisanteries obscènes, rendues plus brutales encore par l'ignorance de la langue.

Ils se levaient l'un après l'autre, cherchant de l'esprit, s'efforçant d'être drôles ; et les femmes, ivres à tomber, *les yeux vagues, les lèvres pâteuses, applaudissaient chaque fois éperdument.*

Le capitaine, voulant sans doute rendre à l'orgie un air galant, leva encore une fois son verre, et prononça :

« *A nos victoires sur les cœurs !* »

Alors le lieutenant Otto, espèce d'ours de la forêt Noire, se dressa, enflammé, saturé de boissons. Et envahi brusquement de patriotisme alcoolique, il cria :

« *A nos victoires sur la France !* »

Toutes grises qu'elles étaient, les femmes se turent ; et Rachel, frissonnante, se retourna :

« *Tu sais, j'en connais des Français devant qui tu ne dirais pas ça.* »

Mais le petit marquis, la tenant toujours sur ses genoux, se mit à rire, rendu très gai par le vin :

« *Ah ! ah ! ah ! je n'en ai jamais vu, moi. Sitôt que nous paraissons, ils foutent le camp !* »

La fille, exaspérée, lui cria dans la figure :

« *Tu mens, salop !* »

Durant une seconde, il fixa sur elle ses yeux clairs, comme il les fixait sur les tableaux dont il crevait la toile à coups de revolver, puis il se remit à rire : « *Ah ! oui, parlons-en, la belle ! Serions-nous ici, s'ils étaient braves ?* » *Et il s'animait :* « *Nous sommes leurs maîtres ! à nous la France !* »

Elle quitta ses genoux d'une secousse et retomba sur sa chaise. Il se leva, tendit son verre jusqu'au milieu de la table et répéta : « *A nous la France et les Français, les bois, les champs et les maisons de France !* »

Les autres, tout à fait saouls, secoués soudain par un enthousiasme militaire, un enthousiasme de brutes, saisirent leurs verres en vociférant : « *Vive la Prusse !* » *et les vidèrent d'un seul trait.*

Les filles ne protestaient point, réduites au silence et prises de peur. Rachel elle-même se taisait, impuissante à répondre.

Alors, le petit marquis posa sur la tête de la
juive sa coupe de champagne emplie à nouveau :

« A nous aussi, cria-t-il. toutes les femmes de France! »

Elle se leva si vite, que le cristal, culbuté, vida, comme
pour un baptême, le vin jaune dans ses cheveux noirs. et il
tomba, se brisant à terre. Les lèvres tremblantes. elle bravait
du regard l'officier qui riait toujours. et elle balbutia. d'une
voix étranglée de colère :

« Ça, ça, ça n'est pas vrai. par exemple, vous n'aurez pas
les femmes. de France. »

Il s'assit pour rire à son aise, et, cherchant l'accent parisien :

« Elle est pien ponne, pien ponne: qu'est-ce alors que tu
viens faire ici, pétite? »

Interdite, elle se tut d'abord. comprenant mal dans son trouble :

puis, dès qu'elle eut bien saisi ce qu'il
disait, elle lui jeta, indignée et véhémente :

« Moi ! moi ! Je ne suis pas une femme, moi, je suis une
putain ; c'est bien tout ce qu'il faut à des Prussiens. »

Elle n'avait point fini qu'il la giflait à toute volée ; mais
comme il levait encore une fois la main, affolée de rage, elle saisit
sur la table un petit couteau de dessert à lame d'argent, et si
brusquement, qu'on ne vit rien d'abord, elle le lui piqua droit
dans le cou, juste au creux où la poitrine commence.

Un mot qu'il prononçait fut coupé dans sa gorge ; et il resta
béant, avec un regard effroyable.

Tous poussèrent un rugissement et se levèrent en tumulte ;
mais ayant jeté sa chaise dans les jambes du lieutenant Otto.

qui s'écroula tout au long, elle courut à la fenêtre, l'ouvrit avant qu'on eût pu l'atteindre, et s'élança dans la nuit, sous la pluie qui tombait toujours.

En deux minutes, Mlle Fifi fut morte.

Alors Fritz et Otto dégainèrent et voulurent massacrer les femmes, qui se traînaient à leurs genoux. Le major, non sans peine, empêcha cette boucherie, fit enfermer dans une chambre, sous la garde de deux hommes, les quatre filles éperdues ; puis, comme s'il eût disposé ses soldats pour un combat, il organisa la poursuite de la fugitive, bien certain de la reprendre.

Cinquante hommes, fouettés de menaces, furent lancés dans le parc. Deux cents autres fouillèrent les bois et toutes les maisons de la vallée.

La table, desservie en un instant, servait maintenant de lit mortuaire, et les quatre officiers, rigides, dégrisés, avec la face dure des hommes de guerre en fonctions, restaient debout près des fenêtres, sondaient la nuit.

L'averse torrentielle continuait. Un clapotis continu emplissait les ténèbres, un flottant murmure d'eau qui tombe et d'eau qui coule, d'eau qui dégoutte et d'eau qui rejaillit.

Soudain, un coup de feu retentit, puis un autre très loin ; et, pendant quatre heures, on entendit ainsi de temps en temps des détonations proches ou lointaines, et des cris de ralliement, des mots

étranges lancés comme appel par des voix gutturales. Au matin,
tout le monde rentra. Deux soldats avaient été tués, et trois
autres blessés par leurs camarades dans l'ardeur de la chasse et
l'effarement de cette poursuite nocturne.

On n'avait pas retrouvé Rachel.

Alors les habitants furent terrorisés, les demeures bouleversées,
toute la contrée parcourue, battue, retournée.

La juive ne semblait pas avoir laissé une seule trace de
son passage.

Le général, prévenu, ordonna d'étouffer l'affaire, pour ne
point donner de mauvais exemple dans l'armée, et il frappa d'une
peine disciplinaire le commandant, qui punit ses inférieurs. Le

général avait dit :

« On ne fait pas la guerre
pour s'amuser et caresser des
filles publiques. »

Et le comte de Farlsberg,
exaspéré, résolut de se venger
sur le pays.

Comme il lui fallait un
prétexte afin de sévir sans
contrainte, il fit venir le curé
et lui ordonna de sonner la

cloche à l'enterrement du marquis d'Eyrik. Contre toute attente,
le prêtre se montra docile, humble, plein d'égards.

Et quand le corps de Mlle Fifi, porté par des soldats,
précédé, entouré, suivi de soldats qui marchaient le fusil
chargé, quitta le château d'Uville, allant au cimetière, pour
la première fois la cloche tinta son glas funèbre avec une
allure allègre, comme si une main amie l'eût caressée.

Elle sonna le soir encore, et
le lendemain aussi, et tous les
jours ; elle carillonna tant qu'on
voulut. Parfois même, la nuit,
elle se mettait toute
seule en branle,
et jetait douce

ment deux ou trois sons dans l'ombre,
prise de gaietés singulières, réveillée on
ne sait pourquoi. Tous les paysans du lieu la dirent alors ensor-
celée ; et personne, sauf le curé et le sacristain, n'approchait
plus du clocher.

C'est qu'une pauvre fille vivait là haut, dans l'angoisse et la
solitude, nourrie en cachette par ces deux hommes.

Elle y resta jusqu'au départ des troupes allemandes. Puis, un

soir, le curé ayant emprunté le char à bancs du boulanger, con-
duisit lui-même sa prisonnière jusqu'à la porte de Rouen. Arrivé
là, le prêtre l'embrassa ; elle descendit et regagna vivement à pied
le logis public, dont la patronne la croyait morte.

    Elle en fut tirée quelque temps après par un patriote sans pré-
jugés qui l'aima pour sa belle action, puis, l'ayant ensuite chérie
pour elle-même, l'épousa, en fit une Dame qui valut autant que
beaucoup d'autres.

ACHEVÉ D'IMPRIMER

pour les

BIBLIOPHILES CONTEMPORAINS

sur les presses à bras

DE L'ANCIENNE MAISON QUANTIN

Ce 12 août 1892, à Paris

CONTES CHOISIS

DE

GUY DE MAUPASSANT

———

LA
MAISON TELLIER

———

.

PARIS

Imprimé pour la

SOCIÉTÉ DES BIBLIOPHILES CONTEMPORAINS

1892

LA

MAISON TELLIER

.

Ce présent conte de GUY DE MAUPASSANT

LA MAISON TELLIER

a été entièrement illustré de dessins au trait aquarellés,

par PIERRE VIDAL

les gravures en relief ont été exécutées

par M. RUCKERT

et les héliogravures en taille-douce par M. HELLÉ

le coloriage a été exécuté par M. GRENENGAIRE

Le tout sous la direction

du président-fondateur OCTAVE UZANNE

CONTES CHOISIS

DE

GUY DE MAUPASSANT

LA MAISON TELLIER

PARIS

Imprimé pour la

SOCIÉTÉ DES BIBLIOPHILES CONTEMPORAINS

—

1892

LA
MAISON TELLIER

CHAPITRE PREMIER

N allait là chaque soir, vers onze heures, comme au café, simplement.

Ils s'y retrouvaient à six ou huit, toujours les mêmes, non pas des noceurs, mais des hommes honorables, des commerçants, des jeunes gens de la ville; et l'on prenait sa chartreuse en lutinant quelque peu les filles, ou bien on causait sérieusement avec Madame, que tout le monde respectait.

Puis on rentrait se coucher avant minuit. Les jeunes gens quelquefois restaient.

La maison était familiale, toute petite, peinte en jaune, à l'encoignure d'une rue derrière l'église Saint-Étienne; et, par les fenêtres, on apercevait le bassin plein de navires qu'on déchargeait, le grand marais salant appelé « *la Retenue* » et, derrière, la côte de la Vierge avec sa vieille chapelle toute grise.

Madame, *issue d'une bonne famille de paysans du départe-ment de l'Eure, avait accepté cette profession absolument comme elle serait devenue modiste ou lingère. Le préjugé du déshonneur attaché à la prostitution, si violent et si vivace dans les villes, n'existe pas dans la campagne normande. Le paysan dit : « C'est un bon métier » ; et il envoie son enfant tenir un harem de filles comme il l'enverrait diriger un pensionnat de demoiselles.*

Cette maison, du reste, était venue par héritage d'un vieil oncle qui la possédait. Monsieur et Madame, autrefois auber-gistes près d'Yvetot, avaient immédiatement liquidé, jugeant l'affaire de Fécamp plus avantageuse pour eux ; et ils étaient arrivés un beau matin prendre la direction de l'entreprise qui périclitait en l'absence des patrons.

C'étaient de braves gens qui se firent aimer tout de suite de leur personnel et des voisins.

Monsieur mourut d'un coup de sang deux ans plus tard. Sa nouvelle profession l'entretenant dans la mollesse et l'immobilité, il était devenu très gros, et la santé l'avait étouffé.

Madame, depuis son veuvage, était vainement désirée par tous les habitués de l'établissement ; mais on la disait absolument sage, et ses pensionnaires elles-mêmes n'étaient parvenues à rien découvrir.

Elle était grande, charnue, avenante. Son teint, pâli dans l'obscurité de ce logis toujours clos, luisait comme sous un vernis gras. Une mince garniture de cheveux follets, faux et frisés, entourait son front, et lui donnait un aspect juvénile qui jurait avec la maturité de ses formes. Invariablement gaie et la figure ouverte, elle plaisantait volontiers, avec une nuance de retenue que ses occupations nouvelles n'avaient pas encore pu lui faire perdre. Les gros mots la choquaient toujours un peu ; et quand un garçon mal élevé appelait de son nom propre l'établissement qu'elle

diriyeail, elle se fâchail, révoltée. Enfin elle avail l'âme délicale,
et bien que lraitant ses femmes en amies, elle répétait volontiers
qu'elles « n'étaient point du même panier ».

Parfois, durant la semaine, elle partait en voiture de louage
avec une fraction de sa troupe; et l'on allait folâtrer sur l'herbe
au bord de la petite rivière qui coule dans les fonds de Valmont.
C'étaient alors des
parties de pension-
naires échappées,
des courses folles,
des jeux enfantins,
toute une joie de
recluses grisées par
le grand air. On
mangeait de la
charcuterie sur le
gazon en buvant du cidre,
et l'on rentrait à la nuit
tombante avec une fatigue
délicieuse, un attendrisse-
ment doux; et dans la
voiture on embrassait
Madame comme une mère très bonne, pleine de mansuétude et de
complaisance.

La maison avait deux entrées.

A l'encoignure, une sorte de café borgne s'ouvrait, le soir,
aux gens du peuple et aux matelots.

Deux des personnes chargées du commerce spécial du
lieu étaient particulièrement destinées aux besoins de cette partie
de la clientèle.

Elles servaient, avec l'aide du garçon, nommé Frédéric, un
petit blond imberbe et fort comme un bœuf, les chopines de vin et
les canettes sur les tables de marbre branlantes, et, les bras jetés

au cou des buveurs, assises en travers de leurs jambes, elles
poussaient à la consommation.

Les trois autres dames (elles n'étaient que cinq) formaient une
sorte d'aristocratie, et demeuraient réservées à la compagnie du
premier, à moins pourtant qu'on n'eût besoin d'elles en bas et que
le premier fût vide.

Le salon de Jupiter, où se réunissaient les bourgeois de
l'endroit, était tapissé de papier bleu et agrémenté d'un grand
dessin représentant Léda étendue sous un cygne. On parvenait
dans ce lieu au moyen d'un escalier tournant terminé par une
porte étroite, humble d'apparence, donnant sur la rue, et au-
dessus de laquelle brillait toute la nuit, derrière un treillage, une
petite lanterne comme celles qu'on allume encore en certaines villes
aux pieds des madones encastrées dans les murs.

Le bâtiment, humide et vieux, sentait légèrement le moisi. Par moments, un souffle d'eau de Cologne passait dans les couloirs, ou bien une porte entr'ouverte en bas faisait éclater dans toute la demeure, comme une explosion de tonnerre, les cris populaciers des hommes attablés au rez-de-chaussée, et mettait sur la figure des messieurs du premier une moue inquiète

Pierre VIDAL
1892

et dégoûtée. Madame, familière avec les clients ses amis, ne quittait point le salon, et s'intéressait aux rumeurs de la ville qui lui parvenaient par eux.

Sa conversation grave faisait diversion aux propos sans suite des trois femmes; elle était comme un repos dans le badinage polisson des particuliers ventrus qui se livraient chaque soir à cette débauche honnête et médiocre de boire un verre de liqueur en compagnie de filles publiques.

Les trois dames du premier s'appelaient Fernande, Raphaële et Rosa la Rosse.

Le personnel étant restreint, on avait tâché que chacune d'elles fût comme un échantillon, un résumé de type féminin, afin que tout consommateur pût trouver là, à peu près du moins, la réalisation de son idéal.

Fernande représentait la belle blonde, très grande, presque obèse, molle, fille des champs dont les taches de rousseur se refusaient à disparaître, et dont la chevelure filasse, écourtée, claire et sans couleur, pareille à du chanvre peigné, lui couvrait insuffisamment le crâne.

Raphaële, une Marseillaise, roulure des ports de mer, jouait le rôle indispensable de la belle Juive, maigre, avec des pommettes saillantes plâtrées de rouge.

Ses cheveux noirs, lustrés à la moelle de bœuf, formaient des crochets sur ses tempes. Ses yeux eussent paru beaux si le droit n'avait été marqué d'une taie. Son nez arqué tombait sur une mâchoire accentuée où deux dents neuves, en haut, faisaient tache à côté de celles du bas qui avaient pris en vieillissant une teinte foncée comme les bois anciens.

Rosa la Rosse, une petite boule de chair tout en ventre avec des jambes minuscules, chantait du matin au soir, d'une voix éraillée, des couplets alternativement grivois ou sentimentaux, racontait des histoires interminables et insignifiantes, ne cessait de parler que pour manger et de manger que pour parler, remuait toujours, souple comme un écureuil malgré sa graisse et l'exiguïté de ses pattes ; et son rire, une cascade de cris aigus, éclatait sans cesse, de-ci, de-là, dans une chambre, au grenier, dans le café, partout, à propos de rien.

Les deux femmes du rez-de-chaussée, Louise, surnommée Cocote, et Flora, dite Balançoire parce qu'elle boitait un peu, l'une toujours en Liberté avec une ceinture tricolore, l'autre en Espagnole de fantaisie avec des sequins de cuivre qui dansaient dans ses cheveux carotte à chacun de ses pas inégaux, avaient l'air de filles de cuisine habillées pour un carnaval.

Pareilles à toutes les femmes du peuple, ni plus laides, ni plus belles, vraies servantes d'auberge, on les désignait dans le port sous le sobriquet des deux Pompes.

Une paix jalouse, mais rarement troublée, régnait entre ces cinq femmes, grâce à la sagesse conciliante de Madame et à son intarissable bonne humeur.

L'établissement, unique dans la petite ville, était assidûment fréquenté.

Madame avait su lui donner une tenue si comme il faut ; elle se montrait si aimable, si prévenante envers tout le monde ; son bon cœur était si connu, qu'une sorte de considération l'entourait.

Les habitués faisaient des frais pour elle, triomphaient quand elle leur témoignait une amitié plus marquée ; et lorsqu'ils se rencontraient dans le jour pour leurs affaires, ils se disaient :

« A ce soir, où vous savez », comme on se dit : « Au café, n'est-ce pas ? après dîner. »

Enfin la maison Tellier était une ressource, et rarement quelqu'un manquait au rendez-vous quotidien.

Or, un soir, vers la fin du mois de mai, le premier arrivé, M. Poulin, marchand de bois et ancien maire, trouva la porte close.

La petite lanterne, derrière son treillage, ne brillait point ; aucun bruit ne sortait du logis, qui semblait mort. Il frappa, doucement d'abord, avec plus de force ensuite ; personne ne répondit.

Alors il remonta la rue à petits pas, et, comme il arrivait sur la place du Marché, il rencontra M. Duvert, l'armateur, qui se rendait au même endroit. Ils y retournèrent ensemble sans plus de succès. Mais un grand bruit éclata soudain tout

près d'eux, et, ayant tourné la maison, ils aperçurent un rassem-
blement de matelots anglais et français qui heurtaient à coups de
poing les volets fermés du café.

Les deux bourgeois aussitôt s'enfuirent pour n'être pas
compromis ; mais un léger « pss't » les arrêta.

C'était M. Tournevau, le saleur de poisson, qui, les ayant
reconnus, les hélait.

Ils lui dirent la chose, dont il fut d'autant plus affecté
que lui, marié, père de famille et fort surveillé, ne venait
là que le samedi, securitatis causa, disait-il, faisant allusion
à une mesure de police sanitaire dont le docteur Borde,
son ami, lui avait révélé les périodiques retours. C'était juste-
ment son soir et il allait se trouver ainsi privé pour toute la
semaine.

Les trois hommes firent un grand crochet jusqu'au quai,
trouvèrent en route le jeune M. Philippe, fils du banquier, un
habitué, et M. Pimpesse, le percepteur.

Tous ensemble revinrent alors par la rue « aux Juifs »
pour essayer une dernière tentative.

Mais les matelots exaspérés faisaient le siège de la maison,
jetaient des pierres, hurlaient ; et les cinq clients du premier
étage, rebroussant chemin le plus vite possible, se mirent à
errer par les rues.

Ils rencontrèrent encore M. Dupuis, l'agent d'assurances, puis
M. Vasse, le juge au tribunal de commerce; et une longue prome-
nade commença qui les conduisit à la jetée d'abord.

Ils s'assirent en ligne sur le parapet de granit et regardèrent
moutonner les flots.

L'écume, sur la crête des vagues, faisait dans l'ombre
des blancheurs lumineuses, éteintes presque aussitôt qu'apparues,
et le bruit monotone de la mer brisant contre les rochers
se prolongeait dans la nuit tout le long de la falaise.

Lorsque les tristes promeneurs furent restés là quelque

temps, M. Tournevau déclara : « Ça n'est pas gai.

— Non certes », reprit M. Pimpesse ; et ils repartirent à petits pas.

Après avoir longé la rue que domine la côte et qu'on appelle : « Sous-le-bois », ils revinrent par le pont de planches sur la Retenue, passèrent près du chemin de fer et débouchèrent de nouveau place du Marché, où une querelle commença tout à coup entre le percepteur, M. Pimpesse, et le saleur, M. Tournevau, à propos d'un champignon comestible que l'un d'eux affirmait avoir trouvé dans les environs.

Les esprits étant aigris par l'ennui, on en serait peut-être venu aux voies de fait si les autres ne s'étaient interposés. M. Pimpesse, furieux, se retira ; et aussitôt une nouvelle altercation s'éleva entre l'ancien maire, M. Poulin, et l'agent d'assurances, M. Dupuis, au sujet des appointements du percepteur et des bénéfices qu'il pouvait se créer. Les propos injurieux pleuvaient des deux côtés, quand une tempête de cris formidables se déchaîna, et la troupe des matelots, fatigués d'attendre en vain devant une *maison fermée, déboucha sur la place. Ils se tenaient par le bras, deux par deux, formant une longue procession, et ils vociféraient furieusement. Le groupe des bourgeois se dissimula sous une porte, et la horde hurlante disparut dans la direction de l'abbaye. Longtemps encore on entendit la clameur diminuant comme un orage qui s'éloigne; et le silence se rétablit.*

M. Poulin et M. Dupuis, enragés l'un contre l'autre, parti-rent, chacun de son côté, sans se saluer.

Les quatre autres se remirent en marche, et redescendirent instinctivement vers l'établissement Tellier. Il était toujours clos, muet, impénétrable. Un ivrogne, tranquille et obstiné, tapait des petits coups dans la devanture du café, puis s'arrêtait pour appeler à mi-voix le garçon Frédéric. Voyant qu'on ne lui répondait point, il prit le parti de s'asseoir sur la marche de la porte, et d'attendre les événements.

Les bourgeois allaient se retirer quand la bande tumultueuse des hommes du port reparut au bout de la rue. Les matelots français braillaient la Marseillaise, *les anglais le* Rule Britannia. *Il y eut un ruement général contre les murs, puis le flot de brutes reprit son cours vers le quai, où une bataille éclata entre les marins des deux nations. Dans la rixe, un Anglais eut le bras cassé, et un Français le nez fendu.*

L'ivrogne, qui était resté devant la porte, pleurait maintenant comme pleurent les pochards ou les enfants contrariés.

Les bourgeois, enfin, se dispersèrent.

Peu à peu le calme revint sur la cité troublée. De place en place, encore par instants, un bruit de voix s'élevait, puis s'éteignait dans le lointain.

Seul, un homme errait toujours, M. Tournevau, le saleur, désolé d'attendre au prochain samedi; et il espérait on ne sait quel hasard, ne comprenant pas, s'exaspérant que la police laissât fermer ainsi un établissement d'utilité publique qu'elle surveille et tient sous sa garde.

Il y retourna, flairant les murs, cherchant la raison ; et il s'aperçut que sur l'auvent une pancarte était collée. Il alluma bien vite une allumette-bougie, et lut ces mots tracés d'une grande écriture inégale :

Fermé pour cause de première communion.

Alors il s'éloigna, comprenant bien que c'était fini.

L'ivrogne maintenant dormait, étendu tout de son long en travers de la porte inhospitalière.

Et le lendemain, tous les habitués, l'un après l'autre, trouvèrent moyen de passer dans la rue avec des papiers sous le bras pour se donner une contenance ; et d'un coup d'œil furtif, chacun lisait l'avertissement mystérieux :

Fermé pour cause de première communion.

T que Madame
un frère établi menuisier en leur
pays natal, Virville, dans l'Eure. Du
temps que Madame était encore auber-
giste à Yvetot, elle avait tenu sur les
fonts baptismaux la fille de ce frère qu'elle nomma Constance,
Constance Rivet ; étant elle-même une Rivet par son père. Le
menuisier, qui savait sa sœur en bonne position, ne la perdait
pas de vue, bien qu'ils ne se rencontrassent pas souvent, retenus
tous les deux par leurs occupations et habitant du reste loin l'un
de l'autre. Mais comme la fillette allait avoir douze ans et faisait,
cette année-là, sa première communion, il saisit cette occasion
d'un rapprochement, et il écrivit à sa sœur qu'il comptait sur elle

*pour la cérémonie. Les vieux parents étaient morts, elle ne
pouvait refuser à sa filleule ; elle accepta. Son frère, qui s'appelait Joseph, espérait qu'à force de prévenances il arriverait peut-
être à obtenir qu'on fît un testament en faveur de la petite,
Madame étant sans enfants.*

*La profession de sa sœur ne gênait nullement ses scrupules,
et, du reste, personne dans le pays ne savait rien. On disait
seulement en parlant d'elle : « Mme Tellier est une bourgeoise de
Fécamp », ce qui laissait supposer qu'elle pouvait vivre de ses
rentes. De Fécamp à Virville on comptait au moins vingt lieues ;
et vingt lieues de terre pour des paysans sont plus difficiles à
franchir que l'Océan pour un civilisé. Les gens de Virville
n'avaient jamais dépassé Rouen ; rien n'attirait ceux de Fécamp
dans un petit village de cinq cents feux, perdu au milieu des
plaines et faisant partie d'un autre département. Enfin on ne
savait rien.*

*Mais, l'époque de la communion approchant, Madame éprouva
un grand embarras. Elle n'avait point de sous-maîtresse et ne
se souciait nullement de laisser sa maison, même pendant un jour.
Toutes les rivalités entre les dames d'en haut et celles d'en bas
éclateraient infailliblement ; puis Frédéric se griserait sans doute,
et quand il était gris, il assommait les gens pour un oui ou pour
un non. Enfin elle se décida à emmener tout son monde, sauf le
garçon à qui elle donna sa liberté jusqu'au surlendemain.*

*Le frère, consulté, ne fit aucune opposition et se chargea de
loger la compagnie entière pour une nuit. Donc, le samedi matin,
le train express de huit heures emportait Madame et ses compagnes dans un wagon de seconde classe.*

*Jusqu'à Beuzeville elles furent seules et jacassèrent comme
des pies. Mais à cette gare un couple monta. L'homme, vieux
paysan vêtu d'une blouse bleue, avec un col plissé, des manches
larges serrées aux poignets et ornées d'une petite broderie blanche,
couvert d'un antique chapeau de forme haute dont le poil roussi*

semblait hérissé, tenait d'une main un immense parapluie vert,
et de l'autre un vaste panier qui laissait passer les têtes effarées
de trois canards. La femme, raide en sa toilette rustique, avait
une physionomie de poule avec un nez pointu comme
un bec. Elle s'assit en face de son homme et demeura
sans bouger, saisie de se trouver au milieu
d'une aussi belle société.

Et c'était, en effet, dans le wagon
un éblouissement de couleurs éclatantes.
Madame, tout en bleu, en soie bleue des
pieds à la tête, portait là-dessus un châle
de faux cachemire français, rouge,
aveuglant, fulgurant. Fernande soufflait
dans une robe écossaise dont le corsage,
lacé à toute force par ses compagnes,
soulevait sa croulante poitrine en un double
dôme toujours agité qui semblait liquide
sous l'étoffe.

Raphaële, avec une coiffure emplumée,
simulant un nid plein d'oiseaux, portait
une toilette lilas, pailletée d'or, quelque chose d'oriental
qui seyait à sa physionomie de Juive. Rosa la Rosse, en jupe rose
à larges volants, avait l'air d'une enfant trop grasse, d'une naine
obèse ; et les deux Pompes semblaient s'être taillé des accoutre-
ments étranges au milieu de vieux rideaux de fenêtre, ces vieux
rideaux à ramages datant de la Restauration.

Sitôt qu'elles ne furent plus seules dans le compartiment, ces
dames prirent une contenance grave et se mirent à parler de
choses relevées pour donner bonne opinion d'elles. Mais à Bolbec
apparut un monsieur à favoris blonds, avec des bagues et une
chaîne en or, qui mit dans le filet sur sa tête plusieurs paquets
enveloppés de toile cirée. Il avait un air farceur et bon enfant. Il
salua, sourit et demanda avec aisance : « Ces dames changent de

garnison ? » Cette question jeta dans le groupe une confusion embarrassée. Madame enfin reprit contenance, et elle répondit sèchement, pour venger l'honneur du corps : « Vous pourriez bien être poli ! » Il s'excusa : « Pardon, je voulais dire de monastère. » Madame ne trouvant rien à répliquer, ou jugeant peut-être la rectification suffisante, fit un salut digne en pinçant les lèvres.

Alors le monsieur, qui se trouvait assis entre Rosa la Rosse et le vieux paysan, se mit à cligner de l'œil aux trois canards dont les têtes sortaient du grand panier; puis, quand il sentit qu'il captivait déjà son public, il commença à chatouiller ces animaux sous le bec, en leur tenant des discours drôles pour dérider la société : « Nous avons quitté notre petite ma-mare! couen! couen! couen! — pour faire connaissance avec la petite broche, — couen! couen! couen! » Les malheureuses bêtes tournaient le cou afin d'éviter ses caresses, faisaient des efforts affreux pour sortir de leur prison d'osier; puis soudain toutes trois ensemble poussèrent un lamentable cri de détresse : — Couen! couen! couen! couen! — Alors ce fut une explosion de rires parmi les femmes. Elles se penchaient, elles se poussaient pour voir; on s'intéressait follement aux canards; et le monsieur redoublait de grâce, d'esprit et d'agaceries.

Rosa s'en mêla, et, se penchant par-dessus les jambes de son voisin, elle embrassa les trois bêtes sur le nez. Aussitôt chaque femme voulut les baiser à son tour; et le monsieur asseyait ces dames sur ses genoux, les faisait sauter, les pinçait; tout à coup il les tutoya.

Les deux paysans, plus affolés encore que leurs volailles, roulaient des yeux de possédés sans oser faire un mouvement, et leurs vieilles figures plissées n'avaient pas un sourire, pas un tressaillement.

Alors le monsieur, qui était commis voyageur, offrit par farce des bretelles à ces dames, et, s'emparant d'un de ses paquets, il l'ouvrit. C'était une ruse, le paquet contenait des jarretières.

Il y en avait en soie bleue, en soie rose, en soie rouge, en soie violette, en soie mauve, en soie ponceau, avec des boucles de

métal formées par deux amours enlacés et dorés. Les filles poussèrent des cris de joie, puis examinèrent les échantillons, reprises par la gravité naturelle à toute femme qui tripote un objet de toilette. Elles se consultaient de l'œil ou d'un mot chuchoté, se répondaient de même, et Madame maniait avec envie une paire de jarretières orangées, plus larges, plus imposantes que les autres : de vraies jarretières de patronne.

Le monsieur attendait, nourrissant une idée : « Allons, mes

petites chattes, dit-il, il faut les essayer. » Ce fut une tempête
d'exclamations ; et elles serraient leurs jupes entre leurs jambes
comme si elles eussent craint des violences. Lui, tranquille, atten-
dait son heure. Il déclara : « Vous ne voulez pas, je remballe. »
Puis finement : « J'offrirai une paire, au choix, à celles qui
feront l'essai. » Mais elles ne voulaient pas, très dignes, la taille
redressée. Les deux Pompes cependant semblaient si malheureuses
qu'il leur renouvela la proposition. Flora Balançoire surtout,
torturée de désir, hésitait visiblement. Il la pressa : « Vas-y, ma
fille, un peu de courage ; tiens, la paire lilas, elle ira bien avec ta
toilette. » Alors elle se décida, et, relevant sa robe, montra une
forte jambe de vachère, mal serrée en un bas grossier. Le mon-
sieur, se baissant, accrocha la jarretière sous le genou d'abord,
puis au-dessus ; et il chatouillait doucement la fille pour lui faire
pousser des petits cris avec de brusques tressaillements. Quand il
eut fini, il donna la paire lilas et demanda : « A qui le tour ? »
Toutes ensemble s'écrièrent : « A moi ! à moi ! » Il commença par
Rosa la Rosse, qui découvrit une chose informe, toute ronde, sans
cheville, un vrai « boudin de jambe », comme disait Raphaële.
Fernande fut complimentée par le commis voyageur qu'enthou-
siasmèrent ses puissantes colonnes. Les maigres tibias de la belle
Juive eurent moins de succès. Louise Cocote, par plaisanterie,
coiffa le monsieur de sa jupe ; et Madame fut obligée d'intervenir
pour arrêter cette farce inconvenante. Enfin Madame elle-même
tendit sa jambe, une belle jambe normande, grasse et musclée ; et
le voyageur, surpris et ravi, ôta galamment son chapeau pour
saluer ce maître mollet en vrai chevalier français.

Les deux paysans, figés dans l'ahurissement, regardaient de
côté, d'un seul œil ; et ils ressemblaient si absolument à des poulets
que l'homme aux favoris blonds, en se relevant, leur fit dans le
nez : « Co-co-ri-co ». Ce qui déchaîna de nouveau un ouragan de
gaieté.

Les vieux descendirent à Motteville, avec leur panier, leurs

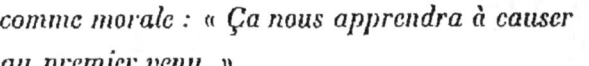

canards et leur parapluie ; et l'on
entendit la femme dire à son homme
en s'éloignant : « C'est des traînées qui s'en vont encore à ce
salané Paris. »

Le plaisant commis porte-balle
descendit lui-même à Rouen, après
s'être montré si grossier que Madame se vit obligée de le remettre
vertement à sa place. Elle ajouta,
comme morale : « Ça nous apprendra à causer
au premier venu. »

A Oissel, elles changèrent de train et
trouvèrent à une gare suivante M. Joseph Rivet, qui les attendait
avec une grande charrette pleine de chaises et attelée d'un
cheval blanc.

Le menuisier embrassa poliment toutes ces dames et les aida
à monter dans sa carriole. Trois s'assirent sur trois chaises au
fond ; Raphaële, Madame et son frère, sur les trois chaises de
devant, et Rosa, n'ayant point de siège, se plaça tant bien que
mal sur les genoux de la grande Fernande ; puis l'équipage se
mit en route.

Mais, aussitôt, le trot saccadé du bidet secoua si terrible-
ment la voiture que les chaises commencèrent à danser, jetant
les voyageuses en l'air, à droite, à gauche, avec des mouvements
de pantins, des grimaces effarées, des cris d'effroi, coupés
soudain par une secousse plus forte. Elles se cramponnaient aux
côtés du véhicule ; les chapeaux tombaient dans le dos, sur le nez
ou vers l'épaule ; et le cheval blanc allait toujours, allongeant la
tête, et la queue droite, une petite queue de rat sans poil dont il
se battait les fesses de temps en temps. Joseph Rivet, un pied
tendu sur le brancard, l'autre jambe repliée sous lui, les coudes
très élevés, tenait les rênes, et de sa gorge s'échappait à tout

instant une sorte de gloussement qui, faisant dresser les oreilles au bidet, accélérait son allure.

Des deux côtés de la route la campagne verte se déroulait. Les colzas en fleur mettaient de place en place une grande nappe jaune, ondulante, d'où s'élevait une saine et puissante odeur, une odeur pénétrante et douce, portée très loin par le vent. Dans les seigles déjà grands, des bluets montraient leurs petites têtes azurées que les femmes voulaient cueillir, mais

M. Rivet refusa d'arrêter. Puis parfois, un champ tout entier semblait arrosé de sang, tant les coquelicots l'avaient envahi. Et au milieu de ces plaines colorées ainsi par les fleurs de la terre, la carriole, qui paraissait porter elle-même un bouquet de fleurs aux teintes plus ardentes, passait au trot du cheval blanc, disparaissait derrière les grands arbres d'une ferme, pour reparaître au bout du feuillage et promener de nouveau à travers les récoltes jaunes et vertes, piquées de rouge ou de bleu, cette éclatante charretée de femmes qui fuyait sous le soleil.

Une heure sonnait quand on arriva devant la porte du menuisier. Elles étaient brisées de fatigue et pâles de faim,

n'ayant rien pris depuis le départ. M*me* Rivet se précipita, les
fit descendre l'une après l'autre, les embrassant aussitôt qu'elles
touchaient terre; et elle ne se lassait point de bécoter sa belle-
sœur, qu'elle désirait accaparer. On mangea dans l'atelier
débarrassé des établis pour le dîner du lendemain.

Une bonne omelette que suivit une andouille grillée, arrosée
de bon cidre piquant, rendit la gaieté à tout le monde. Rivet, pour
trinquer, avait pris un verre, et sa femme servait, faisait la
cuisine, apportait les plats, les enlevait, murmurant à l'oreille de
chacune : « En avez-vous à votre désir ? » Des tas de planches
dressées contre les murs et des empilements de copeaux balayés
dans les coins répandaient un parfum de bois varlopé, une odeur
de menuiserie, ce souffle résineux qui pénètre au fond des
poumons.

On réclama la petite, mais elle était à l'église, ne devant
rentrer que le soir.

La compagnie alors sortit pour faire un tour dans le pays.

C'était un tout petit village que traversait une grande route.
Une dizaine de maisons rangées le long de cette voie unique
abritaient les commerçants de l'endroit, le boucher, l'épicier, le
menuisier, le cafetier, le savetier et le boulanger. L'église, au
bout de cette sorte de rue, était entourée d'un étroit cimetière ; et
quatre tilleuls démesurés, plantés devant son portail, l'ombra-
geaient tout entière. Elle était bâtie en silex taillé, sans style
aucun, et coiffée d'un clocher d'ardoises. Après elle la campagne
recommençait, coupée çà et là de bouquets d'arbres cachant les
fermes.

Rivet, par cérémonie, et bien qu'en vêtements d'ouvrier, avait
pris le bras de sa sœur qu'il promenait avec majesté. Sa femme,
tout émue par la robe à filets d'or de Raphaële, s'était placée
entre elle et Fernande. La boulotte Rosa trottait derrière avec
Louise Cocote et Flora Balançoire, qui boitaillait exténuée.

Les habitants venaient aux portes, les enfants arrêtaient leurs

*jeux, un rideau soulevé laissait entrevoir une tête coiffée d'un
bonnet d'indienne ; une vieille à béquille et presque aveugle se
signa comme devant une procession ; et chacun suivait longtemps
du regard toutes les belles dames de la ville qui
étaient venues de si loin pour la première communion de la petite à Joseph Rivet.*

*Une immense considération rejaillissait sur le
menuisier.*

*En passant devant l'église, elles entendirent
des chants d'enfants : un cantique crié vers le
ciel par des petites voix aiguës ; mais Madame
empêcha qu'on entrât, pour ne point troubler
ces chérubins.*

*Après un tour dans la campagne, et l'énu-
mération des principales propriétés, du rende-
ment de la terre et de la production du bétail,
Joseph Rivet ramena son troupeau de femmes
et l'installa dans son logis.*

*La place étant fort restreinte, on les avait réparties
deux par deux dans les pièces.*

*Rivet, pour cette fois, dormirait dans l'atelier, sur les
copeaux ; sa femme partagerait son lit avec sa belle-sœur, et,
dans la chambre à côté, Fernande et Raphaële reposeraient
ensemble. Louise et Flora se trouvaient installées dans la cuisine,
sur un matelas jeté par terre ; et Rosa occupait seule un petit
cabinet noir au-dessus de l'escalier, contre l'entrée d'une soupente
étroite où coucherait, cette nuit-là, la communiante.*

*Lorsque rentra la petite fille, ce fut sur elle une pluie de
baisers ; toutes les femmes la voulaient caresser, avec ce besoin
d'expansion tendre, cette habitude professionnelle de chatteries,
qui, dans le wagon, les avait fait toutes embrasser les canards.
Chacune l'assit sur ses genoux, mania ses fins cheveux blonds, la
serra dans ses bras en des élans d'affection véhémente et spontanée.*

L'enfant, bien sage, toute pénétrée de piété, comme fermée par l'absolution, se laissait faire, patiente et recueillie.

La journée ayant été pénible pour tout le monde, on se coucha bien vite après dîner. Ce silence illimité des champs qui semble presque religieux enveloppait le petit village, un silence tranquille, pénétrant, et large jusqu'aux astres. Les filles, accoutumées aux soirées tumultueuses du logis public, se sentaient émues par ce muet repos de la campagne endormie. Elles avaient des frissons sur la peau, non de froid, mais des frissons de solitude venus du cœur inquiet et troublé.

Sitôt qu'elles furent en leur lit, deux par deux, elles s'étreignirent comme pour se défendre contre cet envahissement du calme et profond sommeil de la terre. Mais Rosa la Rosse, seule en son cabinet noir, et peu habituée à dormir les bras vides, se sentit saisie par une émotion vague et pénible. Elle se retournait sur sa couche, ne pouvant obtenir le sommeil, quand elle entendit, derrière la cloison de bois contre sa tête, de faibles sanglots comme ceux d'un enfant qui pleure. Effrayée, elle appela faiblement, et une petite voix entrecoupée lui répondit. C'était la fillette qui, couchant toujours dans la chambre de sa mère, avait peur en sa soupente étroite.

Rosa, ravie, se leva, et doucement, pour ne réveiller personne, alla chercher l'enfant. Elle l'amena dans son lit bien chaud, la pressa contre sa poitrine en l'embrassant, la dorlota, l'enveloppa de sa tendresse aux manifestations exagérées, puis, calmée elle-même, s'endormit. Et jusqu'au jour la communiante reposa son front sur le sein nu de la prostituée.

Dès cinq heures, à l'Angelus, la petite cloche de l'église sonnant à toute volée réveilla ces dames qui dormaient ordinairement leur matinée entière, seul repos des fatigues nocturnes. Les paysans dans le village étaient déjà debout. Les femmes du pays allaient affairées de porte en porte, causant vivement, apportant avec précaution de courtes robes de mousseline empesées comme du

carton, ou des cierges démesurés, avec un nœud de soie frangée
d'or au milieu, et des découpures de cire indiquant la place de la
main. Le soleil déjà haut rayonnait dans un ciel tout bleu qui
gardait vers l'horizon une teinte un peu rosée, comme une trace
affaiblie de l'aurore.

Des familles de poules se promenaient devant leurs maisons ;
et, de place en place, un coq noir au cou luisant levait sa tête
coiffée de pourpre, battait des ailes, et jetait au vent son chant de
cuivre que répétaient les autres coqs.

Des carrioles arrivaient des communes voisines, déchargeant
au seuil des portes les hautes Normandes en robes sombres, au
fichu croisé sur la poitrine et retenu par un bijou d'argent
séculaire. Les hommes avaient passé la blouse bleue sur la
redingote neuve ou sur le vieil habit de drap vert dont les deux
basques passaient.

Quand les chevaux furent à l'écurie, il y eut
ainsi tout le long de la grande route une double
ligne de guimbardes rustiques, charrettes, cabrio-
lets, tilburys, chars à bancs, voitures de toute
forme et de tout âge, penchées sur le nez ou
bien cul par terre et les brancards au ciel.

La maison du me-
nuisier était pleine
d'une activité de ruche.

Ces dames, en ca-
raco et en jupon,
les cheveux répandus
sur le dos, des che-
veux maigres et courts
qu'on aurait dits ter-
nis et rongés par l'usage, s'occupaient
à habiller l'enfant.

La petite, debout sur une table, ne

remuait pas, tandis que Mme Tellier dirigeait les mouvements de
son bataillon volant. On la débarbouilla, on la peigna, on la coiffa,
on la vêtit, et, à   l'aide d'une multitude d'épingles,
on disposa les plis   de la robe, on pinça la taille
trop large, on   organisa l'élégance de la toi-

lette. Puis, quand ce fut terminé, on fit asseoir la patiente en lui
recommandant de ne plus bouger ; et la troupe agitée des femmes
courut se parer à son tour.

La petite église recommençait à sonner. Son tintement frêle
de cloche pauvre montait se perdre à travers le ciel, comme une
voix trop faible, vite noyée dans l'immensité bleue.

Les communiants sortaient des portes, allaient vers le bâtiment communal qui contenait les deux écoles et la mairie, et situé
tout au bout du pays, tandis que la « maison de Dieu » occupait
l'autre bout.

Les parents, en tenue de fête, avec une physionomie gauche et
ces mouvements inhabiles des corps toujours courbés sur le travail,
suivaient leurs mioches. Les petites filles disparaissaient dans un
nuage de tulle neigeux semblable à de la crème fouettée, tandis

que les petits hommes, pareils à des embryons de garçons de café,
la tête encollée de pommade, marchaient les jambes écartées, pour
ne point tacher leur culotte noire.

C'était une gloire pour une famille quand
un grand nombre des parents, venus de
loin, entouraient l'enfant : aussi le triomphe
du menuisier fut-il complet. Le régiment
Tellier, patronne en tête, suivait Constance ;
et le père donnant le bras à sa sœur,
la mère marchant à côté de
Raphaële, Fernande avec Rosa, et
les deux Pompes
ensemble, la
troupe se
déployait
majestueuse-
ment comme
un état-ma-
jor en grand
uniforme.

L'effet dans le village fut
foudroyant.

A l'école, les filles se rangèrent sous la cornette de la bonne
sœur, les garçons sous le chapeau de l'instituteur, un bel homme
qui représentait ; et l'on partit en attaquant un cantique.

Les enfants mâles en tête allongeaient leurs deux files entre
les deux rangs de voitures dételées, les filles suivaient dans le
même ordre ; et tous les habitants ayant cédé le pas aux dames
de la ville par considération, elles arrivaient immédiatement après
les petites, prolongeant encore la double ligne de la procession,
trois à gauche et trois à droite, avec leurs toilettes éclatantes
comme un bouquet de feu d'artifice.

Leur entrée dans l'église affola la population. On se pressait,

on se retournait, on se poussait pour les voir. Et des dévotes parlaient presque haut, stupéfaites par le spectacle de ces dames plus
chamarrées que les chasubles des chantres. Le maire offrit son
banc, le premier banc à droite auprès du chœur, et Mme Tellier y
prit place avec sa belle-sœur, Fernande et Raphaële. Rosa la

Rosse et les deux
Pompes occu-
pèrent le se-
cond banc en
compagnie du
menuisier.

Le chœur de
l'église était plein
d'enfants à genoux,
filles d'un côté, gar-
çons de l'autre, et
les longs cierges qu'ils tenaient en main
semblaient des lances inclinées en tous
sens.

Devant le lutrin, trois hommes debout
chantaient d'une voix pleine. Ils prolongeaient
indéfiniment les syllabes du latin sonore, éternisant les Amen
avec des a-a indéfinis que le serpent soutenait de sa note monotone
poussée sans fin, mugie par l'instrument de cuivre à large
gueule. La voix pointue d'un enfant donnait la réplique, et, de
temps en temps, un prêtre assis dans une stalle et coiffé d'une
barrette carrée se levait, bredouillait quelque chose et s'asseyait
de nouveau, tandis que les trois chantres repartaient, l'œil fixé
sur le gros livre de plain-chant ouvert devant eux et porté par
les ailes déployées d'un aigle de bois monté sur pivot.

Puis un silence se fit. Toute l'assistance, d'un seul mouvement,
se mit à genoux, et l'officiant parut, vieux, vénérable, avec des
cheveux blancs, incliné sur le calice qu'il portait de sa main

gauche. Devant lui marchaient les deux servants en robe rouge, et, derrière, apparut une foule de chantres à gros souliers qui s'alignèrent des deux côtés du chœur.

Une petite clochette tinta au milieu du grand silence. L'office divin commençait. Le prêtre circulait lentement devant le taber- nacle d'or, faisait des génuflexions, psalmodiait de sa voix cassée, chevrotante de vieillesse, les prières préparatoires. Aussitôt qu'il s'était tu, tous les chantres et le serpent éclataient d'un seul coup, et des hommes aussi chantaient dans l'église, d'une voix moins forte, plus humble, comme doivent chanter les assistants.

Soudain le Kyrie eleison jaillit vers le ciel, poussé par toutes les poitrines et tous les cœurs. Des grains de poussière et des frag- ments de bois vermoulu tombèrent même de la voûte ancienne secouée par cette explosion de cris. Le soleil qui frappait sur les ardoises du toit faisait une fournaise de la petite église; et une grande émotion, une attente anxieuse, les approches de l'ineffable mystère, étreignaient le cœur des enfants, serraient la gorge de leurs mères. Le prêtre, qui s'était assis quelque temps, remonta vers l'autel, et, tête nue, couvert de ses cheveux d'argent, avec des gestes tremblants, il approchait de l'acte surnaturel. Il se tourna vers les fidèles, et, les mains tendues vers eux, prononça : Orate, fratres, « priez, mes frères ». Ils priaient tous. Le vieux curé balbutiait maintenant tout bas les paroles mystérieuses et su- prêmes; la clochette tintait coup sur coup; la foule prosternée appelait Dieu; les enfants défaillaient d'une anxiété démesurée.

C'est alors que Rosa, le front dans ses mains, se rappela tout à coup sa mère, l'église de son village, sa première communion. Elle se crut revenue à ce jour-là, quand elle était si petite, toute noyée en sa robe blanche, et elle se mit à pleurer. Elle pleura dou- cement d'abord; les larmes lentes sortaient de ses paupières, puis, avec ses souvenirs, son émotion grandit, et, le cou gonflé, la poi- trine battante, elle sanglota. Elle avait tiré son mouchoir, s'essuyait les yeux, se tamponnait le nez et la bouche pour ne

point crier : ce fut en vain ; une espèce de râle sortit de sa gorge,
et deux autres soupirs profonds, déchirants, lui répondirent ; car
ses deux voisines, abattues près d'elle, Louise et Flora, étreintes
des mêmes souvenances lointaines, gémissaient aussi avec des tor-
rents de larmes. Mais comme les larmes sont contagieuses, Madame,
à son tour, sentit bientôt ses paupières humides, et, se tournant
vers sa belle-sœur, elle vit que tout son banc pleurait aussi.

Le prêtre engendrait le corps de Dieu. Les enfants n'avaient
plus de pensée, jetés sur les dalles par une espèce de peur dévote ;
et, dans l'église, de place en place, une femme, une mère, une
sœur, saisie par l'étrange sympathie des émotions poignantes,
bouleversée aussi par ces belles dames à genoux que secouaient
des frissons et des hoquets, trempait son mouchoir d'indienne à
carreaux et, de la main gauche, pressait violemment son cœur
bondissant. Comme la flammèche qui jette le feu à tra-
vers un champ mûr, *les larmes de Rosa et de ses*

compagnes gagnèrent en un instant toute la foule. Hommes,
femmes, vieillards, jeunes gars en blouse neuve, tous bientôt san-
glotèrent, et sur leur tête semblait planer quelque chose de surhu-
main, une âme épandue, le souffle prodigieux d'un être invisible
et tout-puissant. Alors, dans le chœur de l'église, un petit coup
sec retentit : la bonne sœur, en frappant sur son livre, donnait
le signal de la communion ; et les enfants, grelottant d'une fièvre
divine, s'approchèrent de la table sainte.

Toute une file s'agenouillait. Le vieux curé, tenant en main le ciboire d'argent doré, passait devant eux, leur offrant, entre deux doigts, l'hostie sacrée, le corps du Christ, la rédemption du monde. Ils ouvraient la bouche avec des spasmes, des grimaces nerveuses, les yeux fermés, la face toute pâle ; et la longue nappe étendue sous leurs mentons frémissait comme de l'eau qui coule.

Soudain dans l'église une sorte de folie courut, une rumeur de foule en délire, une tempête de sanglots avec des cris étouffés. Cela passa comme ces coups de vent qui courbent les forêts ; et le prêtre restait debout, immobile, une hostie à la main, paralysé par l'émotion, se disant : « C'est Dieu, c'est Dieu qui est parmi nous, qui manifeste sa présence, qui descend à ma voix sur son peuple agenouillé. » Et il balbutiait des prières affolées, sans trouver les mots, des prières de l'âme, dans un élan furieux vers le ciel.

Il acheva de donner la communion avec une telle surexcitation de foi que ses jambes défaillaient sous lui, et quand lui-même eut bu le sang de son Seigneur, il s'abîma dans un acte de remerciement éperdu.

Derrière lui le peuple peu à peu se calmait. Les chantres, relevés dans la dignité du surplis blanc, repartaient d'une voix moins sûre, encore mouillée ; et le serpent aussi semblait enroué comme si l'instrument lui-même eût pleuré.

Alors, le prêtre, levant les mains, leur fit signe de se taire, et passant entre les deux haies de communiants perdus en des extases de bonheur, il s'approcha jusqu'à la grille du chœur.

L'assemblée s'était assise au milieu d'un bruit de chaises, et tout le monde à présent se mouchait avec force. Dès qu'on aperçut le curé, on fit silence, et il commença à parler d'un ton très bas, hésitant, voilé : « Mes chers frères, mes chères sœurs, mes enfants, je vous remercie du fond du cœur : vous venez de me donner la plus grande joie de ma vie. J'ai senti Dieu qui descendait sur nous à mon appel. Il est venu, il était là, présent, qui emplissait vos âmes, faisait déborder vos yeux. Je suis le plus *vieux prêtre du diocèse, j'en suis aussi, aujourd'hui, le plus heureux. Un miracle s'est fait parmi nous, un vrai, un grand, un sublime miracle. Pendant que Jésus-Christ pénétrait pour la première fois dans le corps de ces petits, le Saint-Esprit, l'oiseau céleste, le souffle de Dieu, s'est abattu sur vous, s'est emparé de*

vous, vous a saisis, courbés comme des roseaux sous la brise. »

Puis, d'une voix plus claire, se tournant vers les deux bancs où se trouvaient les invités du menuisier : « Merci surtout à vous, mes chères sœurs, qui êtes venues de si loin, et dont la présence parmi nous, dont la foi visible, dont la piété si vive ont été pour tous un salutaire exemple. Vous êtes l'édification de ma paroisse; votre émotion a échauffé les cœurs; sans vous, peut-être, ce grand jour n'aurait pas eu ce caractère vraiment divin. Il suffit parfois d'une seule brebis d'élite pour décider le Seigneur

à descendre sur le troupeau. » La voix lui manquait. Il ajouta :
« C'est la grâce que je vous souhaite. Ainsi soit-il. » Et il
remonta vers l'autel pour terminer l'office.

Maintenant on avait hâte de partir. Les enfants eux-mêmes
s'agitaient, las d'une si longue tension d'esprit. Ils avaient faim
d'ailleurs, et les parents peu à peu s'en allaient, sans attendre le
dernier évangile, pour terminer les apprêts du repas.

Ce fut une cohue à la sortie, une cohue bruyante, un charivari
de voix criardes où chantait l'accent normand. La population
formait deux haies, et lorsque parurent les enfants, chaque
famille se précipita sur le sien.

Constance se trouva saisie, entourée, embrassée par toute
la maisonnée de femmes. Rosa surtout ne se lassait pas de
l'étreindre. Enfin elle lui prit une main, Mme Tellier s'empara de
l'autre ; Raphaële et Fernande relevèrent sa longue jupe de mous-
seline pour qu'elle ne traînât point dans la poussière ; Louise et
Flora fermaient la marche avec Mme Rivet ; et l'enfant, recueillie,
toute pénétrée par le Dieu qu'elle portait en elle, se mit en route
au milieu de cette escorte d'honneur.

Le festin était servi dans l'atelier sur de longues planches
portées par des traverses.

La porte ouverte, donnant sur la rue, laissait entrer toute la
joie du village. On se régalait partout. Par chaque fenêtre on
apercevait des tablées de monde endimanché, et des cris sortaient
des maisons en goguette. Les paysans, en bras de chemise,
buvaient du cidre pur à plein verre, et au milieu de chaque com-
pagnie on apercevait deux enfants, ici deux filles, là deux
garçons, dînant dans l'une des deux familles.

Quelquefois, sous la lourde chaleur de midi, un char à bancs
traversait le pays au trot sautillant d'un vieux bidet, et l'homme
en blouse qui conduisait jetait un regard d'envie sur toute cette
ripaille étalée.

Dans la demeure du menuisier, la gaieté gardait un certain

air de réserve, un reste de l'émotion du matin. Rivet seul était en
train et buvait outre mesure. Mme Tellier regardait l'heure à
tout moment, car pour ne point chômer deux jours de suite on
devait reprendre le train de trois heures cinquante-cinq qui les
mettrait à Fécamp vers le soir.

Le menuisier faisait tous ses efforts pour détourner l'attention et garder son monde jusqu'au lendemain; mais Madame ne
se laissait point distraire; et elle ne plaisantait jamais quand il
s'agissait des affaires.

Aussitôt que le café fut pris, elle ordonna à ses pensionnaires
de se préparer bien vite; puis, se tournant vers son frère: « Toi,
tu vas atteler tout de suite »; et elle-même alla terminer ses
derniers préparatifs.

Quand elle redescendit, sa belle-sœur l'attendait pour lui
parler de la petite; et une longue conversation eut lieu où rien ne
fut résolu.

La paysanne finassait, faussement attendrie, et Mme Tellier,
qui tenait l'enfant sur ses genoux, ne s'engageait à rien, pro-
mettait vaguement: on s'occuperait d'elle, on avait du temps,
on se reverrait d'ailleurs.

Cependant la voiture n'arrivait point, et les femmes ne des-
cendaient pas.

On entendait même en haut de grands rires, des bousculades,
des poussées de cris, des battements de mains.

Alors, tandis que l'épouse du menuisier se rendait à l'écurie
pour voir si l'équipage était prêt, Madame, à la fin, monta.

Rivet, très pochard et à moitié dévêtu, essayait, mais en vain,
de violenter Rosa qui défaillait de rire.

Les deux Pompes le retenaient par les bras et tentaient de le
calmer, choquées de cette scène après la cérémonie du matin;
mais Raphaële et Fernande l'excitaient, tordues de gaieté, se
tenant les côtes; et elles jetaient des cris aigus à chacun des
efforts inutiles de l'ivrogne.

L'homme furieux, la face rouge, tout débraillé, secouant en des efforts violents les deux femmes cramponnées à lui, tirait de toutes ses forces sur la jupe de Rosa en bredouillant :

« *Salope, tu ne veux pas ?* »
Mais Madame, indignée,
s'élança, saisit son frère par les épaules, et le jeta dehors si vio-
lemment qu'il alla frapper contre le mur.

Une minute plus tard, on l'entendait dans la cour qui se pom-
pait de l'eau sur la tête ; et quand il reparut dans sa carriole, il
était déjà tout apaisé.

On se remit en route comme la veille, et le petit cheval blanc
repartit de son allure vive et dansante.

Sous le soleil ardent, la joie assoupie pendant le repas se
dégageait. Les filles s'amusaient maintenant des cahots de la
guimbarde, poussaient même les chaises des voisines, éclataient de
rire à tout instant, mises en train d'ailleurs par les vaines tenta-
tives de Rivet.

Une lumière folle emplissait les champs, une lumière miroi-
tant aux yeux ; et les roues soulevaient deux sillons de poussière

qui voltigeaient longtemps derrière la voiture sur la grand'route.

Tout à coup Fernande, qui aimait la musique, supplia Rosa de chanter; et celle-ci entama gaillardement le Gros Curé de Meudon. Mais Madame tout de suite la fit taire, trouvant cette chanson peu convenable en ce jour. Elle ajouta :

« Chante-nous plutôt quelque chose de Béranger. »

Alors Rosa, après avoir hésité quelques secondes, fixa son choix, et de sa voix usée commença la Grand'Mère :

> Ma grand'mère, un soir à sa fête,
> De vin pur ayant bu deux doigts,
> Nous disait en branlant la tête :
> Que d'amoureux j'eus autrefois !
>   Combien je regrette
>   Mon bras si dodu,
>   Ma jambe bien faite
>   Et le temps perdu !

Et le chœur des filles, que Madame elle-même conduisait, reprit :

>   Combien je regrette
>   Mon bras si dodu,
>   Ma jambe bien faite
>   Et le temps perdu !

« Ça, c'est tapé ! » déclara Rivet, allumé par la cadence : et Rosa aussitôt continua :

> Quoi, maman, vous n'étiez pas sage ?
> — Non, vraiment ! et de mes appas,
> Seule, à quinze ans, j'appris l'usage,
> Car, la nuit, je ne dormais pas.

Tous ensemble hurlèrent le refrain; et Rivet tapait du pied sur son brancard, battait la mesure avec les rênes sur le dos du bidet blanc qui, comme s'il eût été lui-même enlevé par l'entrain du rythme, prit le galop, un galop de tempête, précipitant ces dames en tas les unes sur les autres dans le fond de la voiture.

Elles se relevèrent en riant comme des folles. Et la chan-
son continua, braillée à tue-tête à travers la campagne, sous le
ciel brûlant, au milieu des récoltes mûrissantes, au train enragé
du petit cheval qui s'emballait maintenant à tous les retours du
refrain, et piquait chaque fois ses cent mètres de galop, à la
grande joie des voyageurs. De place en place, quelque casseur de
cailloux se redressait, et regardait à travers son loup de fil de
fer cette carriole enragée et hurlante emportée dans la poussière.

Quand on descendit devant la gare, le menuisier s'attendrit :

« C'est dommage que vous partiez, on aurait bien rigolé. »

Madame lui répondit sensément :

« Toute chose a son temps, on ne peut pas s'amuser tou-
jours. »

Alors une idée illumina l'esprit de Rivet :

« Tiens, dit-il, j'irai vous voir à Fécamp le mois prochain. »

Et il regarda Rosa d'un air rusé, avec un œil brillant et
polisson.

« Allons, conclut Madame, il faut être sage ; tu viendras si
tu veux, mais tu ne feras point de bêtises. »

Il ne répondit pas, et comme on entendait siffler le train, il
se mit immédiatement à embrasser tout le monde. Quand ce fut
au tour de Rosa, il s'acharna à trouver sa bouche que celle-ci,
riant derrière ses lèvres fermées, lui dérobait chaque fois par un
rapide mouvement de côté. Il la tenait en ses bras, mais il n'en
pouvait venir à bout, gêné par son grand fouet qu'il avait gardé
à sa main et que, dans ses efforts, il agitait désespérément derrière
le dos de la fille.

« Les voyageurs pour Rouen, en voiture ! » cria l'employé.
Elles montèrent.

Un mince coup de sifflet partit, répété tout de suite par le
sifflement puissant de la machine, qui cracha bruyamment son
premier jet de vapeur pendant que les roues commençaient à
tourner un peu avec un effort visible.

Rivet, quittant l'intérieur de la gare, courut à la barrière pour voir encore une fois Rosa ; et comme le wagon plein de cette marchandise humaine passait devant lui, il se mit à faire claquer son fouet en sautant et chantant de toutes ses forces :

Combien je regrette
Mon bras si dodu,
Ma jambe bien faite
Et le temps perdu !

Puis il regarda s'éloigner un mouchoir blanc qu'on agitait.

ELLES dormirent jusqu'à l'arrivée, du sommeil paisible des consciences satisfaites ; et quand elles rentrèrent au logis, rafraîchies, reposées pour la besogne de chaque soir, Madame ne put s'empêcher de dire :

« C'est égal, il m'ennuyait déjà de la maison. »

On soupa vite, puis, quand on eut repris le costume de combat, on attendit les clients habituels ; et la petite lanterne allumée, la petite lanterne de madone, indiquait aux passants que dans la bergerie le troupeau était revenu.

En un clin d'œil la nouvelle se répandit, on ne sait comment.

on ne sait par qui. M. Philippe, le fils du banquier, poussa même la complaisance jusqu'à prévenir par un exprès M. Tournevau, emprisonné dans sa famille.

Le saleur avait justement chaque dimanche plusieurs cousins à dîner, et l'on prenait le café quand un homme se présenta avec une lettre à la main.

M. Tournevau, très ému, rompit l'enveloppe et devint pâle : il n'y avait que ces mots tracés au crayon :

Chargement de morues retrouvé ; navire entré au port ; bonne affaire pour vous. Venez vite.

Il fouilla dans ses poches, donna vingt centimes au porteur, et rougissant soudain jusqu'aux oreilles :

« Il faut, dit-il, que je sorte. »

Et il tendit à sa femme le billet laconique et mystérieux. Il sonna, puis, lorsque parut la bonne :

« Mon pardessus, vite, vite, et mon chapeau. »

A peine dans la rue, il se mit à courir en sifflant un air, et le chemin lui parut deux fois plus long tant son impatience était vive.

L'établissement Tellier avait un air de fête. Au rez-de-chaussée les voix tapageuses des hommes du port faisaient un assourdissant vacarme.

Louise et Flora ne savaient à qui répondre, buvaient avec l'un, buvaient avec l'autre, méritaient mieux que jamais leur sobriquet des « deux Pompes ».

On les appelait partout à la fois ; elles ne pouvaient déjà suffire à la besogne, et la nuit pour elles s'annonçait laborieuse.

Le cénacle du premier fut au complet dès neuf heures. M. Vasse, le juge au tribunal de commerce, le soupirant attitré, mais platonique de Madame, causait tout bas avec elle dans un

coin ; et ils souriaient tous les deux comme si une entente était
près de se faire. M. Poulin, l'ancien maire, tenait Rosa à cheval
sur ses jambes ; et elle, nez à nez avec lui, promenait ses mains
courtes dans les favoris blancs
du bonhomme. Un bout de
cuisse nue passait sous la jupe
de soie jaune relevée, coupant
le drap noir du pantalon, et
les bas rouges étaient serrés
par une jarretière bleue, cadeau
du commis voyageur.

La grande Fernande, éten-
due sur le sopha, avait les
deux pieds sur le ventre de
M. Pimpesse, le percepteur, et
le torse sur le gilet du jeune
M. Philippe dont elle accro-
chait le cou de sa main droite,
tandis que de la gauche elle
tenait une cigarette.

Raphaële semblait en pourparlers avec M. Dupuis, l'agent
d'assurances, et elle termina l'entretien par ces mots :

« Oui, mon chéri, ce soir, je veux bien. »

Puis, faisant seule un tour de valse rapide à travers le salon :

« Ce soir, tout ce qu'on voudra », cria-t-elle.

La porte s'ouvrit brusquement et M. Tournevau parut. Des
cris enthousiastes éclatèrent :

« Vive Tournevau ! »

Et Raphaële, qui pivotait toujours, alla tomber sur son
cœur. Il la saisit d'un enlacement formidable, et sans dire un
mot, l'enlevant de terre comme une plume, il traversa le salon,
gagna la porte du fond, et disparut dans l'escalier des chambres
avec son fardeau vivant, au milieu des applaudissements.

Rosa, qui allumait l'ancien maire, l'embrassant coup sur coup et tirant sur ses deux favoris en même temps pour maintenir droite sa tête, profita de l'exemple: « Allons, fais comme lui », dit-elle. Alors le bonhomme se leva, et, rajustant son gilet, suivit la fille en fouillant dans la poche où dormait son argent.

Fernande et Madame restèrent seules avec les quatre hommes, et M. Philippe s'écria : « Je paye du champagne: Madame Tellier, envoyez chercher trois bouteilles. » Alors Fernande, l'étreignant, lui demanda dans l'oreille : « Fais-nous danser, dis, tu veux? » Il se leva, et, s'asseyant devant l'épinette séculaire endormie en un coin, fit sortir une valse, une valse enrouée, larmoyante, du ventre geignant de la machine. La grande fille enlaça le percepteur, Madame s'abandonna aux bras de M. Vasse; et les deux couples tournèrent en échangeant des baisers. M. Vasse, qui avait jadis dansé dans le monde, faisait des grâces, et Madame le regardait d'un œil captivé, de cet œil qui répond « oui », un « oui » plus discret et plus délicieux qu'une parole!

Frédéric apporta le champagne. Le premier bouchon partit, et M. Philippe exécuta l'invitation d'un quadrille.

Les quatre danseurs le marchèrent à la façon mondaine, convenablement, dignement, avec des manières, des inclinations et des saluts.

Après quoi l'on se mit à boire. Alors M. Tournevau reparut, satisfait, soulagé, radieux. Il s'écria : « Je ne sais pas ce qu'a Raphaële, mais elle est parfaite ce soir. » Puis, comme on lui tendait un verre, il le vida d'un trait en murmurant : « Bigre, rien que ça de luxe! »

Sur-le-champ M. Philippe entama une polka vive, et M. Tournevau s'élança avec la belle Juive qu'il tenait en l'air, sans laisser ses pieds toucher terre. M. Pimpesse et M. Vasse étaient repartis d'un nouvel élan. De temps en temps un des couples s'arrêtait près de la cheminée pour lamper une flûte de vin mousseux; et cette danse menaçait de s'éterniser, quand Rosa entr'ouvrit la porte

avec un bougeoir à la main. Elle était en cheveux, en savates, en
chemise, tout animée, toute rouge : « Je veux danser », cria-t-elle.
Raphaële demanda : « Et ton vieux ? » Rosa s'esclaffa : « Lui ? il
dort déjà, il dort tout de suite. » Elle saisit M. Dupuis, resté sans
emploi sur le divan, et la polka recommença.

Mais les bouteilles étaient vides : « J'en paye une », déclara
M. Tournevau. « Moi aussi », annonça M. Vasse. « Moi de
même », conclut M. Dupuis. Alors tout le monde applaudit.

Cela s'organisait, devenait un vrai bal. De temps en temps
même, Louise et Flora montaient bien vite, faisaient rapidement
un tour de valse, pendant que leurs clients, en bas, s'impatien-
taient ; puis elles retournaient en courant à leur café, avec le
cœur gonflé de regrets.

A minuit, on dansait encore. Parfois une des filles disparais sait, et quand on la cherchait pour faire un vis-à-vis, on s'apercevait tout à coup qu'un des hommes aussi manquait.

« D'où venez-vous donc? » demanda plaisamment M. Philippe, juste au moment où M. Pimpesse rentrait avec Fernande. « De voir dormir M. Poulin », répondit le percepteur. Le mot eut un succès énorme; et tous, à tour de rôle, montaient voir dormir M. Poulin avec l'une ou l'autre des demoiselles, qui se montrèrent, cette nuit-là, d'une complaisance inconcevable. Madame fermait les yeux; et elle avait dans les coins de longs apartés avec M. Vasse comme pour régler les derniers détails d'une affaire entendue déjà.

Enfin, à une heure, les deux hommes mariés, M. Tournevau et M. Pimpesse, déclarèrent qu'ils se retiraient, et voulurent régler leur compte. On ne compta que le champagne, et, encore, à six francs la bouteille au lieu de dix francs, prix ordinaire. Et comme ils s'étonnaient de cette générosité, Madame, radieuse, leur répondit :

« Ça n'est pas tous les jours fête. »

.

ACHEVÉ D'IMPRIMER

sur les presses à bras

DE L'ANCIENNE MAISON QUANTIN

A PARIS

Ce 25 octobre 1892,

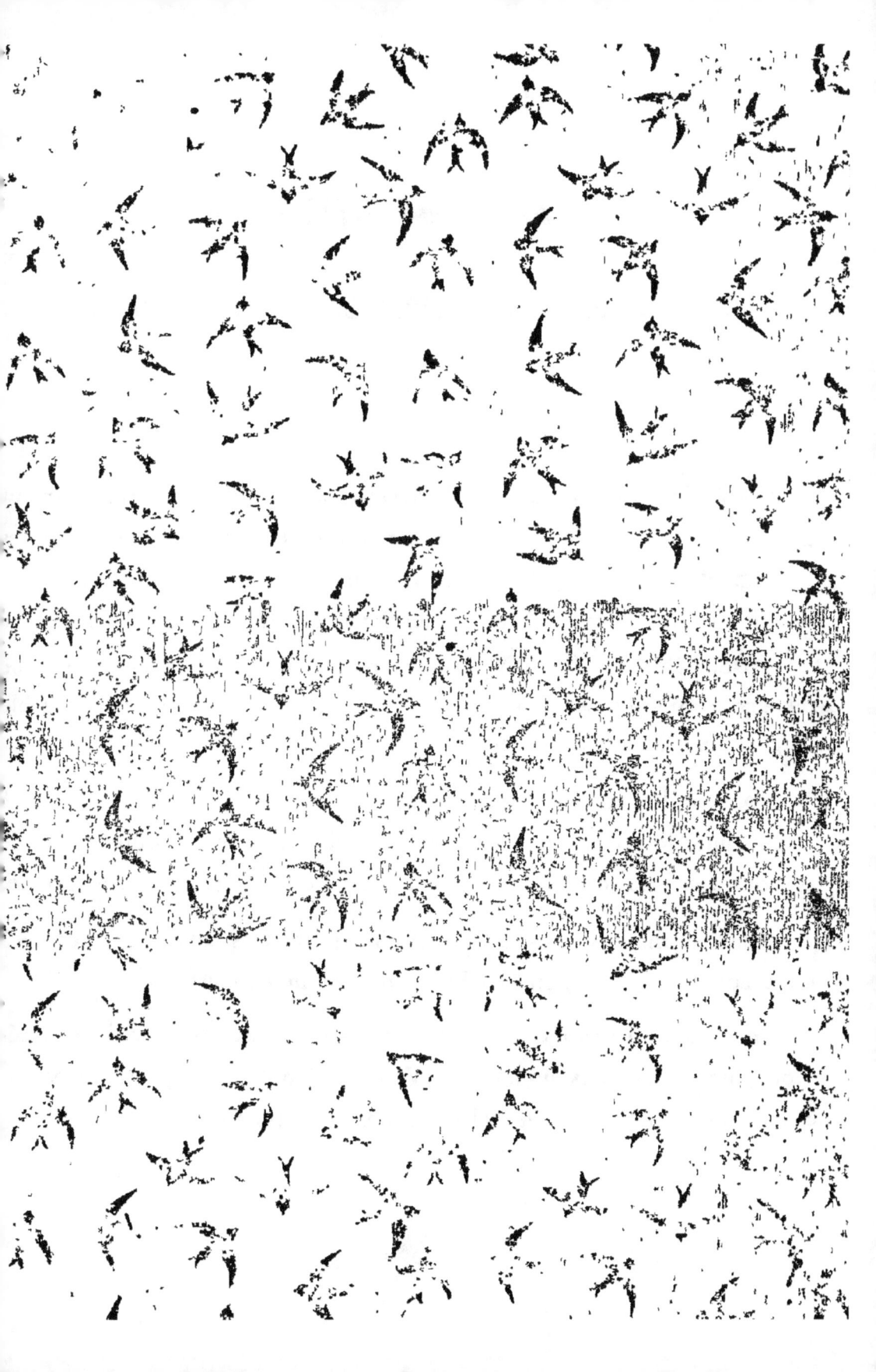

AVIS IMPORTANT

aux

Sociétaires des Bibliophiles Comtemporains

Les **Contes Choisis** de Guy de Maupassant paraitront successivement selon les hazards de leur exécution, par plaquettes séparées, portant toutes une pagination distincte et offrant un Type particulier d'impression, d'illustration et de gravure Avec le dernier fascicule paru, les Membres de L'ACADÉMIE DES BEAUX LIVRES recevront un TITRE GÉNÉRAL, une COUVERTURE D'ENSEMBLE et un FRONTISPICE GRAVÉ d'après une remarquable composition d'un maître contemporain.

Nous employons donc ici le procédé de la PLÉÏADE du Curmer, laissant à nos collègues le soin d'écarter de leur Recueil, selon leur sentiment, tel de ces Contes qui ne serait pas conforme à leur esthétique ou à leur morale.

Nous donnerons dans le Dernier Envoi un Avis concernant l'ordre à suivre pour la brochure ou la reliure du Volume complet.

En dépit de la variété très nettement accusée des contes qui se succéderont, nous espérons donner au Volume complet une apparence parfaitement homogène et une véritable harmonie d'ensemble.

Mouche

Souvenir d'un Canotier

Ce conte de GUY de MAUPASSANT
a été illustré par M. FERDINAND GUELDRY
dont les dessins ont été gravés sur cuivre par FILLON
Le texte a été buriné par A. LECLÈRE
et le tirage en taille-douce a été exécuté
par la Maison LEMERCIER
le tout sous la direction
du Président Fondateur M. OCTAVE UZANNE
Juillet 1892

Contes choisis de
GUY DE MAUPASSANT

MOUCHE

SOUVENIR D'UN CANOTIER

à PARIS
Imprimé en Taille-Douce

POUR LA SOCIÉTÉ DES BIBLIOPHILES CONTEMPORAINS

MOUCHE

SOUVENIR D'UN CANOTIER

IL NOUS DIT:

"En ai-je vu de drôles de choses et de drôles de filles aux jours passés où je canotais. Que de fois j'ai eu envie d'écrire un petit livre, titré "Sur la Seine", pour raconter cette vie de force et d'insouciance, de gaieté et de pauvreté, de fête robuste et tapageuse que j'ai menée de vingt à trente ans.

J'étais un employé sans le sou; maintenant, je suis un homme arrivé qui peut jeter des grosses sommes pour un caprice d'une seconde. J'avais au cœur mille désirs modestes et irréalisables qui me doraient l'existence de toutes les attentes imaginaires. Aujourd'hui, je ne sais pas vraiment quelle fantaisie

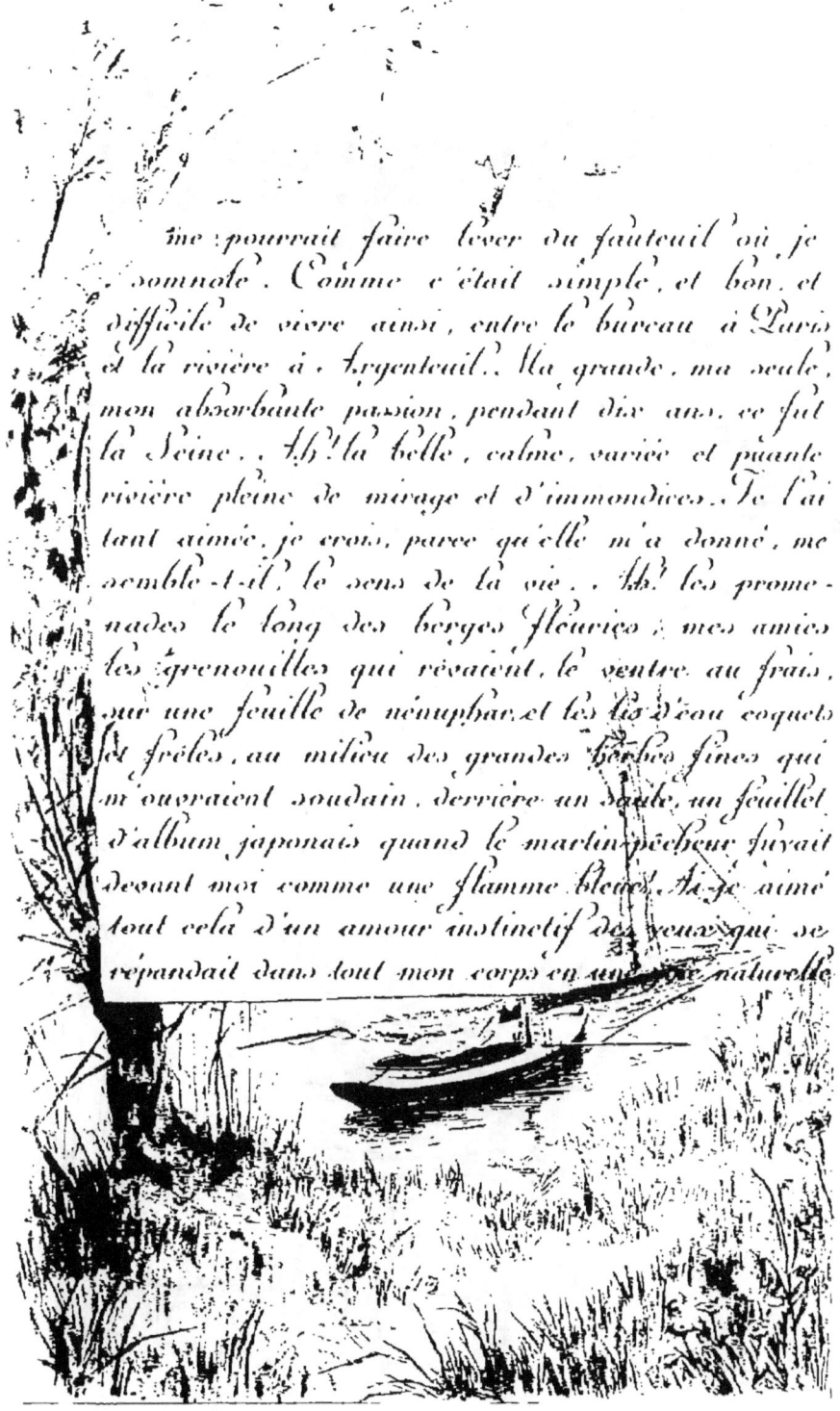

me pourrait faire lever du fauteuil où je somnole. Comme c'était simple, et bon, et difficile de vivre ainsi, entre le bureau à Paris et la rivière à Argenteuil. Ma grande, ma seule, mon absorbante passion, pendant dix ans, ce fut la Seine. Ah! la belle, calme, variée et puante rivière pleine de mirage et d'immondices. Je l'ai tant aimé, je crois, parce qu'elle m'a donné, me semble-t-il, le sens de la vie. Ah! les promenades le long des berges fleuries, mes amies les grenouilles qui rêvaient, le ventre au frais, sur une feuille de nénuphar, et les lis d'eau coquets et frêles, au milieu des grandes herbes fines qui m'ouvraient soudain, derrière un saule, un feuillet d'album japonais quand le martin-pêcheur fuyait devant moi comme une flamme bleue. Ai-je aimé tout cela d'un amour instinctif des yeux qui se répandait dans tout mon corps en une joie naturelle

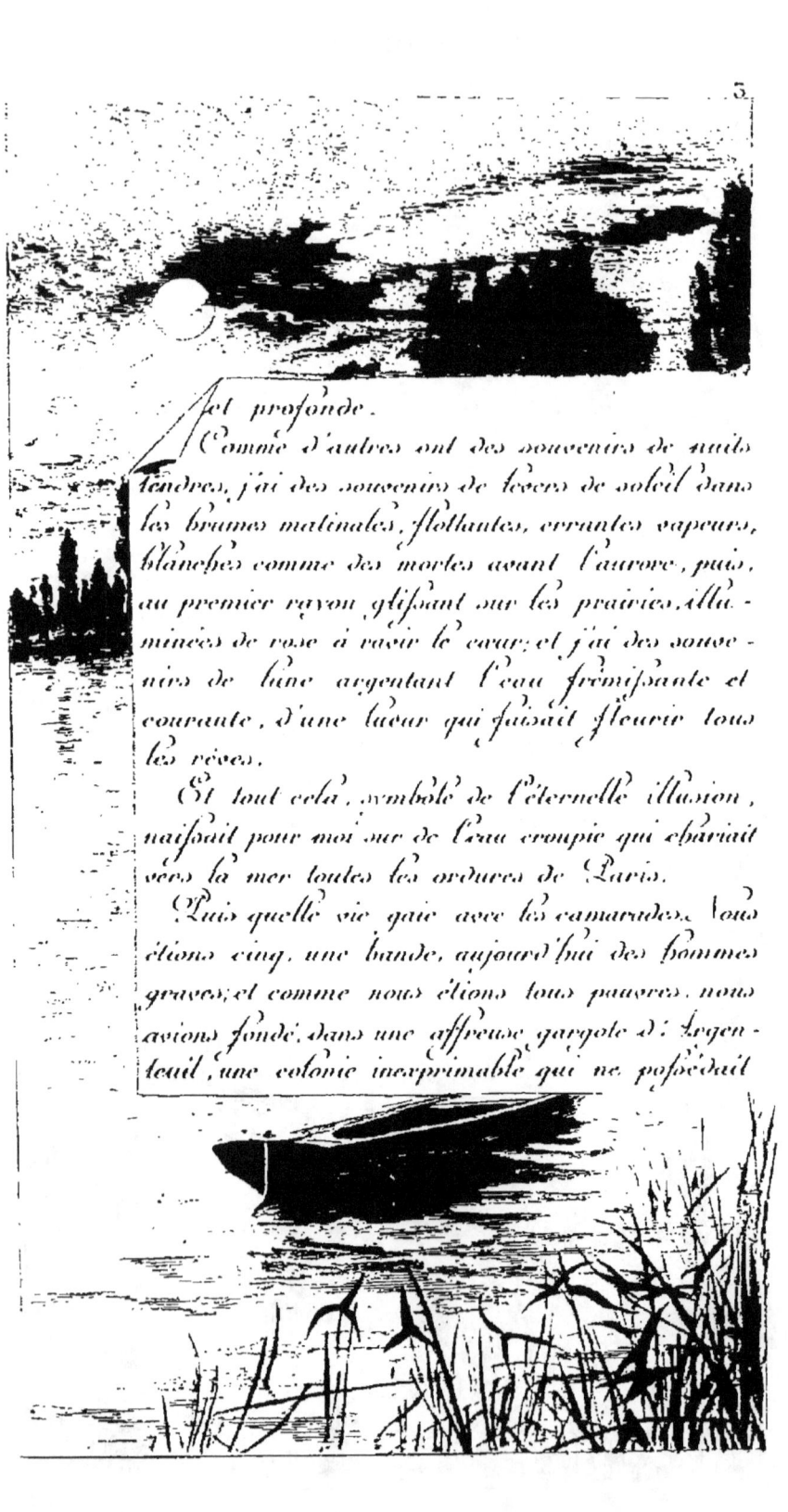

et profonde.

Comme d'autres ont des souvenirs de nuits
tendres, j'ai des souvenirs de levers de soleil dans
les brumes matinales, flottantes, errantes vapeurs,
blanches comme des mortes avant l'aurore, puis,
au premier rayon glissant sur les prairies, illu-
minées de rose à ravir le cœur; et j'ai des souvenirs de lune argentant l'eau frémissante et
courante, d'une lueur qui faisait fleurir tous
les rêves.

Et tout cela, symbole de l'éternelle illusion,
naissait pour moi sur de l'eau croupie qui charriait
vers la mer toutes les ordures de Paris.

Puis quelle vie gaie avec les camarades. Nous
étions cinq, une bande, aujourd'hui des hommes
graves; et comme nous étions tous pauvres, nous
avions fondé, dans une affreuse gargote d'Argenteuil, une colonie inexprimable qui ne possédait

qu'une chambre-dortoir où j'ai passé les plus folles soirées, certes, de mon existence. Nous n'avions souci de rien que de nous amuser et de ramer, car l'aviron pour nous, sauf pour un, était un culte. Je me rappelle de si singulières aventures, de si invraisemblables farces, inventées par ces cinq chenapans, que personne aujourd'hui ne les pourrait croire. On ne vit plus ainsi, même sur la Seine, car la fantaisie enragée qui nous tenait en haleine est morte dans les âmes actuelles.

A nous cinq nous possédions un seul bateau, acheté à grand peine et sur lequel nous avons ri comme nous ne rirons plus jamais. C'était une large yole un peu lourde, mais solide, spacieuse et confortable. Je ne vous ferai point le portrait de mes camarades. Il y en avait un petit, très malin, surnommé Petit-Bleu; un grand, à l'air sauvage, avec des yeux gris et des cheveux noirs, surnommé Tomahawk; un autre, spirituel et paresseux, surnommé La Toque, le seul qui ne touchât jamais une rame sous prétexte qu'il ferait chavirer le bateau; un mince, élégant, très

soigné, surnommé " N'a-qu'un-Œil "
en souvenir d'un roman alors récent de
Cladel, et parce qu'il portait un monocle ;
enfin moi qu'on avait baptisé Joseph Prunier.
Nous vivions en parfaite intelligence avec
le seul regret de n'avoir pas une barreuse.
Une femme c'est indispensable dans un
canot. Indispensable parce que ça tient
l'esprit et le cœur en éveil, parce que ça anime,
ça amuse, ça distrait, ça pimente et ça fait décor
avec une ombrelle rouge glissant sur les berges
vertes. Mais il ne nous fallait pas une barreuse
ordinaire, à nous cinq qui ne ressemblions guère
à tout le monde. Il nous fallait quelque chose
d'imprévu, de drôle, de prêt à tout, de presque
introuvable, enfin. Nous en avions essayé beaucoup sans succès, des filles de barre, pas des
barreuses, canotières imbéciles qui préféraient
toujours le petit vin qui grise, à l'eau qui coule
et qui porte les yoles. On les gardait un dimanche, puis on les congédiait avec dégoût.

Or, voilà qu'un samedi soir " N'a-qu'un-Œil "

nous amena une petite créature fluette, vive, sautillante, blagueuse et pleine de drôlerie, de cette drôlerie, qui tient lieu d'esprit aux titis mâles et femelles éclos sur le pavé de Paris. Elle était gentille, pas jolie, une ébauche de femme où il y avait de tout, une de ces silhouettes que les dessinateurs crayonnent en trois traits sur une nappe de café après dîner entre un verre d'eau-de-vie et une cigarette. La nature en fait quelquefois comme ça.

Le premier soir, elle nous étonna, nous amusa, et nous laissa sans opinion tant elle était inattendue. Tombée dans ce nid d'hommes prêts à toutes les folies, elle fut bien vite maîtresse de la situation, et dès le lendemain elle nous avait conquis.

Elle était d'ailleurs tout à fait toquée, née avec un verre d'absinthe dans le ventre, que sa mère avait dû boire au moment d'accoucher, et elle ne s'était jamais dégrisée depuis, car sa nourrice, disait-elle, se refaisait le sang à coups de tafia ; et elle-même n'appelait jamais autrement que ma sainte famille toutes les bouteilles alignées derrière le

comptoir des marchands de vin.

Je ne sais lequel de nous la baptisa "Mouche" ni pourquoi ce nom lui fut donné, mais il lui allait bien, et lui resta. Et notre yole, qui s'appelait Feuille-à-l'Envers fit flotter chaque semaine sur la Seine, entre Asnières et Maisons-Laffitte, cinq gars, joyeux et robustes, gouvernés, sous un parasol de papier peint, par une vive et écervelée personne qui nous traitait comme des esclaves chargés de la promener sur l'eau, et que nous aimions beaucoup.

Nous l'aimions tous beaucoup, pour mille raisons d'abord, pour une seule ensuite. Elle était, à l'arrière de notre embarcation, une espèce de petit moulin à paroles, jacassant au vent qui filait sur l'eau. Elle bavardait sans fin avec le léger bruit continu de ces mécaniques ailées qui tournent

dans la brise; et elle disait étourdiment les choses
les plus inattendues, les plus cocasses, les plus
stupéfiantes. Il y avait dans cet esprit, dont
toutes les parties semblaient disparates à la façon
de loques de toute nature et de toute couleur, non
pas cousues ensemble mais seulement faufilées,
de la fantaisie comme dans un conte de fées, de la
gauloiserie, de l'impudeur, de l'impudence, de
l'imprévu, du comique, et de l'air, de l'air et du
paysage comme dans un voyage en ballon.

On lui posait des questions pour provoquer des
réponses trouvées on ne sait où. Celle dont on
la harcelait le plus souvent était celle-ci.

— Pourquoi t'appelle-t-on Mouche ?

Elle découvrait des raisons tellement invraisemblables que nous cessions de nager pour en rire.

Elle nous plaisait aussi, comme femme ; et
La Toque, qui ne ramait jamais et qui demeurait
tout le long des jours assis à côté d'elle au
fauteuil de barre, répondit une fois à la demande

ordinaire :

— Pourquoi l'appelle-t-on *Mouche* ?

— Parce que c'est une petite cantharide ?

Oui, une petite cantharide bourdonnante et enfié-
vrante, non pas la classique cantharide empoisonneuse,
brillante et mantelée, mais une petite cantharide
aux ailes rousses qui commençait à troubler étrangement l'équipage entier de la Feuille-à-l'Envers

Que de plaisanteries stupides, encore, sur cette
feuille où s'était arrêtée cette *Mouche*.

"N'a-qu'un-Œil," depuis l'arrivée de "*Mouche*"
dans le bateau, avait pris au milieu de nous un
rôle prépondérant, supérieur, le rôle d'un monsieur
qui a une femme à côté de quatre autres qui n'en
ont pas. Il abusait de ce privilège au point de
nous exaspérer parfois en embrassant *Mouche*
devant nous, en l'asseyant sur ses genoux à la fin
des repas et par beaucoup d'autres prérogatives
humiliantes autant qu'irritantes.

On les avait isolés dans le dortoir par un rideau.

Mais je m'aperçus bientôt que mes compagnons et moi devions faire au fond de nos cerveaux de solitaires le même raisonnement : "Pourquoi, en vertu de quelle loi d'exception, de quel principe inacceptable, Mouche, qui ne paraissait gênée par aucun préjugé, serait-elle fidèle à son amant, alors que les femmes du meilleur monde ne le sont pas à leurs maris."

Notre réflexion était juste. Nous en fûmes bientôt convaincus. Nous aurions dû seulement le faire plus tôt pour n'avoir pas à regretter le temps perdu. Mouche trompa "Va-qu'un-l'Œil" avec tous les autres matelots de la Feuille-à-l'Envers.

Elle le trompa sans difficulté, sans résistance, à la première prière de chacun de nous.

Mon Dieu, les gens pudiques vont s'indigner beaucoup ! Pourquoi ? Quelle est la courtisane en vogue qui n'a pas une douzaine d'amants, et quel

est celui de ces amants assez bête

pour l'ignorer? La mode n'est elle pas d'avoir un soir

chez une femme célèbre et cotée comme on a un soir

à l'Opéra, aux Français ou à l'Odéon, depuis qu'on

y joue les demi-classiques. On se met à dix pour

entretenir une cocotte qui fait de son temps une dis-

tribution difficile, comme on se met à dix pour posséder

un cheval de course que monte seulement un jockey,

véritable image de l'amant de cœur.

On laissait par délicatesse Mouche à Va-qu'un

Œil du samedi soir au lundi matin. Les jours de

navigation étaient à lui. Nous ne le trompions qu'en

semaine, à Paris, loin de la Seine, ce qui, pour des

canotiers comme nous, n'était presque plus tromper.

La situation avait ceci de particulier que les

quatre maraudeurs des faveurs de Mouche n'igno-

raient point ce partage, qu'ils en parlaient entre

eux, et même avec elle, par allusions voilées qui la

faisaient beaucoup rire. Seul, Va-qu'un-Œil

semblait tout ignorer; et cette position spéciale fai-

sait naître une gêne entre lui et nous, paraissait

le mettre à l'écart, l'isoler, élever une barrière à

travers notre ancienne confiance et notre ancienne

intimité. Cela lui donnait pour nous un rôle difficile, un peu ridicule, un rôle d'amant trompé, presque de mari.

Comme il était fort intelligent, doué d'un esprit spécial de pince-sans-rire, nous nous demandions quelquefois, avec une certaine inquiétude, s'il ne se doutait de rien.

Il eut soin de nous renseigner, d'une façon pénible pour nous. On allait déjeuner à Bougival, et nous ramions avec vigueur, quand La Toque qui avait, ce matin-là, une allure triomphante d'homme satisfait et qui, assis côte à côte avec la barreuse, semblait se serrer contre elle un peu trop librement à notre avis, arrêta la nage en criant : "Stop !"

Les huit avirons sortirent de l'eau.

Alors, se tournant vers sa voisine, il demanda :

— Pourquoi l'appelle-t-on Mouche ?

Avant qu'elle eût pu répondre, la voix de "N'aqu'un OEil", assis à l'avant, articula d'un ton sec :

— Parce qu'elle se pose sur toutes les charognes.

Il y eut d'abord un grand silence, une gêne, que suivit une envie de rire. Mouche elle-même demeurait interdite.

Alors, La Toque commanda:

— Avant partout.

Le bateau se remit en route.

L'incident était clos, la lumière faite.
Cette petite aventure ne changea rien à
nos habitudes. Elle rétablit seulement la
cordialité entre "N'a-qu'un-Œil" et nous.
Il redevint le propriétaire honoré de Mouche,
du samedi soir au lundi matin, sa supériorité
sur nous tous ayant été bien établie par cette
définition, qui clôtura d'ailleurs l'ère des questions sur le mot "Mouche". Nous nous conten-
tâmes à l'avenir du rôle secondaire d'amis
reconnaissants et attentionnés qui profitaient
discrètement des jours de la semaine sans
contestation d'aucune sorte entre nous.

Cela marcha très bien pendant trois mois
environ. Mais voilà que tout à coup Mouche prit,
vis-à-vis de nous tous, des attitudes bizarres. Elle était
moins gaie, nerveuse, inquiète, presque irritable. On lui
demandait sans cesse:

— Qu'est-ce que tu as?

Elle répondait:

— Rien. Laisse-moi tranquille.

La révélation nous fut faite par « N'a-qu'un-OEil »,
un samedi soir. Nous venions de nous mettre à table
dans la petite salle à manger que notre gargotier
Barbichon nous réservait dans sa guinguette, et, le
potage fini, on attendait la friture quand notre ami,
qui paraissait aussi soucieux, prit d'abord la main de
Mouche et ensuite parla :

— Mes chers camarades, dit-il, j'ai une communication des plus graves à vous faire et qui va
peut-être amener de longues discussions. Nous aurons
le temps d'ailleurs de raisonner entre les plats.

Cette pauvre Mouche m'a annoncé une désas-
treuse nouvelle dont elle m'a chargé en même temps
de vous faire part.

Elle est enceinte.

Je n'ajoute que deux mots :

Ce n'est pas le moment de l'abandonner et la
recherche de la paternité est interdite.

Il y eut d'abord de la stupeur, la sensation d'un
désastre, et nous nous regardions les uns les autres
avec l'envie d'accuser quelqu'un. Mais lequel ? Ah !
lequel ? Jamais je n'avais senti comme en ce moment la perfidie de cette cruelle farce de la nature
qui ne permet jamais à un homme de savoir d'une

façon certaine s'il est
le père de son enfant.

Puis peu à peu une espèce
de consolation nous vint et nous réconforta, née au
contraire d'un sentiment confus de solidarité.

Tomahawk, qui ne parlait guère, formula ce début
de rassérénement par ces mots:

— Ma foi, tant pis, l'union fait la force.

Les goujons entraient apportés par un marmiton.
On ne se jeta pas dessus, comme toujours, car on
avait tout de même l'esprit troublé.

N'a-qu'un-Œil reprit:

— Elle a eu, en cette circonstance, la délicatesse
de me faire des aveux complets. Mes amis, nous
sommes tous également coupables. Donnons-nous la
main et adoptons l'enfant.

La décision fut prise à l'unanimité. On leva les
bras vers le plat de poissons frits et on jura.

— Nous l'adoptons.

Alors sauvée tout d'un coup, délivrée du poids horrible d'inquiétude qui torturait depuis un mois cette gentille
et détraquée pauvresse de l'amour, Mouche s'écria:

— Oh! mes amis! mes amis! Vous êtes de braves
cœurs... de braves cœurs... de braves cœurs... Merci tous!
Et elle pleura pour la première fois devant nous.

Désormais on parla de l'enfant dans le bateau

comme s'il était né déjà, et chacun de nous s'intéressait avec une sollicitude de participation exagérée, au développement lent et régulier de la taille de notre barreuse. On cessait de ramer pour demander :

— Mouche ?

Elle répondait :

— Présente.

— Garçon ou fille ?

— Garçon.

— Que deviendra-t-il ?

Alors elle donnait essor à son imagination de la façon la plus fantastique. C'était des récits interminables, des inventions stupéfiantes, depuis le jour de la naissance jusqu'au triomphe définitif. Il fut tout, cet enfant, dans le rêve naïf, passionné et attendrissant de cette extraordinaire petite créature, qui vivait maintenant, chaste, entre nous cinq, qu'elle appelait ses « cinq papas ». Elle le vit et le raconta marin, découvrant un nouveau monde plus grand que l'Amérique, général rendant à la France l'Alsace et la Lorraine, puis empereur et fondant une dynastie de souverains généreux et sages qui donnaient à notre patrie le bonheur définitif, puis savant dévoilant

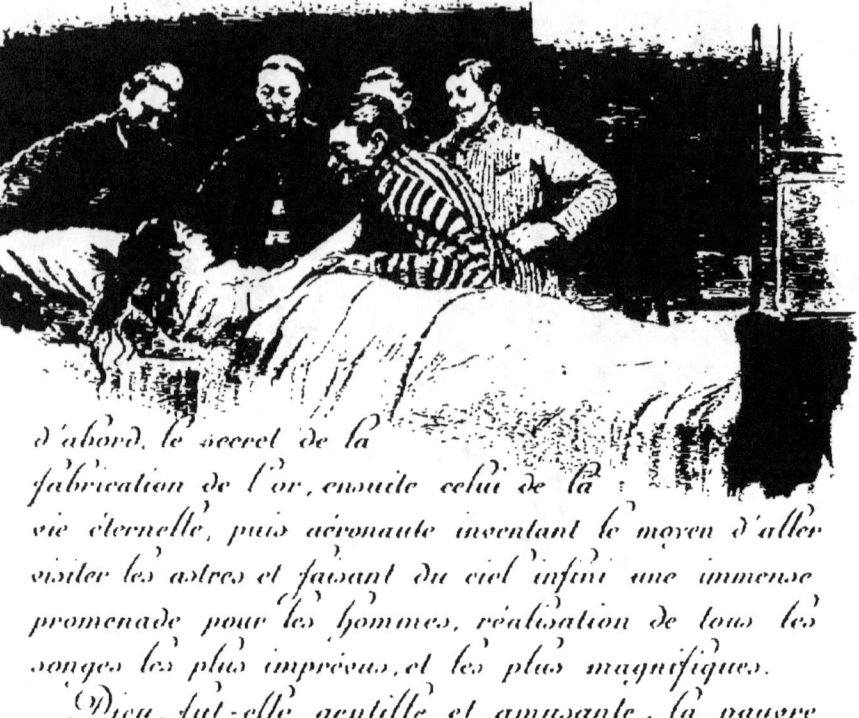

d'abord, le secret de la
fabrication de l'or, ensuite celui de la
vie éternelle, puis aéronaute inventant le moyen d'aller
visiter les astres et faisant du ciel infini une immense
promenade pour les hommes, réalisation de tous les
songes les plus imprévus et les plus magnifiques.

Dieu, fut-elle gentille et amusante, la pauvre
petite, jusqu'à la fin de l'été !

Ce fut le vingt septembre que creva son rêve.
Nous revenions de déjeuner à Maisons-Laffitte et
nous passions devant Saint-Germain, quand elle eut
soif et nous demanda de nous arrêter au Pecq.

Depuis quelque temps, elle devenait lourde, et
cela l'ennuyait beaucoup. Elle ne pouvait plus gam-
bader comme autrefois, ni bondir du bateau sur la
berge, ainsi qu'elle avait coutume de faire. Elle
essayait encore, malgré nos cris et nos efforts ; et
vingt fois, sans nos bras tendus pour la saisir, elle
serait tombée.

Ce jour-là, elle eut l'imprudence de vouloir dé-
barquer avant que le bateau fût arrêté, par une
de ces bravades où se tuent parfois les athlètes ma-
lades ou fatigués.

Juste au moment où nous allions accoster, sans
qu'on pût prévoir ou prévenir son mouvement, elle

se dressa, prit son élan et essaya de sauter sur
le quai.

Trop faible, elle ne toucha que du bout du pied
le bord de la pierre, glissa, heurta de son ventre
l'angle aigu, poussa un grand cri et disparut
dans l'eau.

Nous plongeâmes tous les cinq en même temps
pour ramener un pauvre être défaillant, pâle comme
une morte et qui souffrait déjà d'atroces douleurs.

Il fallut la porter bien vite dans l'auberge
la plus voisine, où un médecin fut appelé.

Pendant dix heures que dura la fausse couche
elle supporta avec un courage d'héroïne d'abomi-
nables tortures. Nous nous désolions autour d'elle,
enfiévrés d'angoisse et de peur.

Puis on la délivra d'un enfant mort ; et pendant
quelques jours encore nous eûmes pour sa vie les
plus grandes craintes.

Le docteur, enfin, nous dit un matin : « Je crois
qu'elle est sauvée. Elle est en acier, cette fille. »

Et nous entrâmes ensemble dans sa chambre le
cœur radieux.

N'a-qu'un-OEil, parlant pour
tous, lui dit :

Plus de danger, petite Mouche,
nous sommes bien contents.

Alors, pour la seconde fois, elle pleura
devant nous, et, les yeux sous une glace de larmes,
elle balbutia :

— Oh ! si vous saviez, si vous saviez... quel chagrin... quel chagrin... je ne me consolerai jamais.

— De quoi donc, petite Mouche ?

— De l'avoir tué, car je l'ai tué ! oh ! sans le
vouloir ! quel chagrin !...

Elle sanglotait. Nous l'entourions, émus, ne
sachant quoi lui dire.

Elle reprit :

— Vous l'avez vu, vous ?

— Nous répondîmes, d'une seule voix.

— Oui.

— C'était un garçon, n'est-ce pas ?

— Oui.

— Beau, n'est-ce pas ?

On hésita beaucoup. Petit-Bleu, le moins scrupuleux se décida à affirmer.

— Très beau.

Il eut tort, car elle se mit à gémir, presque à hurler de désespoir.

Alors... N'a-qu'un-Œil, qui l'aimait peut-être le plus, eut pour la calmer une invention géniale, et baisant ses yeux ternis par les pleurs.

— Console-toi, petite Mouche, console-toi, nous t'en ferons un autre.

Le sens comique qu'elle avait dans les moëlles se réveilla tout à coup, et à moitié convaincue, à moitié gouailleuse, toute larmoyante encore et le cœur crispé de peine, elle demanda en nous regardant tous:

— Bien vrai?

Et nous répondîmes ensemble.

— Bien vrai.

Paris. — L.-Imp. réunies, 7, rue Saint-Benoît.

CONTES CHOISIS

DE

GUY DE MAUPASSANT

UNE

PARTIE DE CAMPAGNE

PARIS

imprimé pour la

SOCIÉTÉ DES BIBLIOPHILES CONTEMPORAINS

1892

UNE

PARTIE DE CAMPAGNE

CONTES CHOISIS

DE

GUY DE MAUPASSANT

UNE

PARTIE DE CAMPAGNE

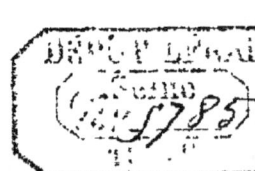

PARIS

Imprimé pour la

SOCIÉTÉ DES BIBLIOPHILES CONTEMPORAINS

—

1892

UNE PARTIE DE CAMPAGNE

On avait projeté depuis cinq mois d'aller déjeuner aux environs de Paris, le jour de la fête de Mme Dufour, qui s'appelait Pétronille. Aussi, comme on avait attendu cette partie impatiemment, s'était-on levé de fort bonne heure ce matin-là.

M. Dufour, ayant emprunté la voiture du laitier, conduisait lui-même. La carriole, à deux roues, était fort propre ; elle avait un toit supporté par quatre montants de fer où s'attachaient des rideaux qu'on avait relevés pour voir le paysage. Celui de derrière, seul, flottait au vent, comme un drapeau. La femme, à côté de son époux, s'épanouissait dans une robe de soie cerise extraordinaire. Ensuite, sur deux chaises, se tenaient une vieille grand'mère et une jeune fille. On apercevait encore la chevelure jaune d'un garçon qui, faute de siége, s'était étendu tout au fond, et dont la tête seule apparaissait.

Après avoir suivi l'avenue des Champs-Élysées et franchi les fortifications à la porte Maillot, on s'était mis à regarder la contrée.

En arrivant au pont de Neuilly, M. Dufour avait dit : « Voici la campagne, enfin ! » — et sa femme, à ce signal, s'était attendrie sur la nature.

Au rond-point de Courbevoie, une admiration les avait saisis devant l'éloignement des horizons. A droite, là-bas, c'était Argenteuil, dont le clocher se dressait ; au-dessus apparaissaient les buttes de Sannois et le moulin d'Orgemont. A gauche, l'aqueduc de Marly se dessinait sur le ciel clair du matin, et l'on apercevait aussi, de loin, la terrasse de Saint-Germain ; tandis qu'en face, au bout d'une chaîne de collines, des terres remuées indiquaient le nouveau fort de Cormeilles. Tout au fond dans un reculement formidable, par-dessus des plaines et des villages, on entrevoyait une sombre verdure de forêts.

Le soleil commençait à brûler les visages ; la poussière emplissait les yeux continuellement, et, des deux côtés de la route, se développait une campagne interminablement nue, sale et puante. On eût dit qu'une lèpre l'avait ravagée, qui rongeait jusqu'aux maisons, car des squelettes de bâtiments défoncés et abandonnés, ou bien des petites cabanes inachevées faute de payement aux entrepreneurs, tendaient leurs quatre murs sans toit.

De loin en loin poussaient dans le sol stérile de longues chéminées de fabrique, seule végétation de ces champs putrides où la brise du printemps promenait un parfum de pétrole et de schiste mêlé à une autre odeur moins agréable encore.

Enfin, on avait traversé la Seine une seconde

fois, et, sur le pont, ç'avait été un ravissement. La
rivière éclatait de lumière ; une buée s'en élevait,
pompée par le soleil, et l'on éprouvait une quiétude
douce, un rafraîchissement bienfaisant à respirer
enfin un air plus pur qui n'avait point balayé la
fumée noire des usines ou les miasmes des dépo-
toirs.

Un homme qui passait avait nommé le pays :
Bezons.

La voiture s'arrêta, et M. Dufour se mit à lire
l'enseigne engageante d'une gargote : *Restaurant
Poulin, matelotes et fritures, cabinets de société,
bosquets et balançoires.* — Eh bien ! madame Dufour, cela te va-t-il ? Te décideras-tu à la fin ?

La femme lut à son tour : *Restaurant Poulin,
matelotes et fritures, cabinets de société, bosquets
et balançoires.* Puis elle regarda la maison longuement.

C'était une auberge de campagne, blanche,
plantée au bord de la route. Elle montrait, par la
porte ouverte, le zinc brillant du comptoir devant
lequel se tenaient deux ouvriers endimanchés.

A la fin, Mme Dufour se décida : — « Oui, c'est
bien, dit-elle ; et puis il y a de la vue. » — La voiture
entra dans un vaste terrain planté de grands arbres
qui s'étendait derrière l'auberge et qui n'était séparé
de la Seine que par le chemin de halage.

Alors on descendit. Le mari sauta le premier,
puis ouvrit les bras pour recevoir sa femme. Le
marchepied, tenu par deux branches de fer, était
très loin, de sorte que, pour l'atteindre, Mme Dufour

dut laisser voir le bas d'une jambe dont la finesse primitive disparaissait à présent sous un envahissement de graisse tombant des cuisses.

M. Dufour, que la campagne émoustillait déjà, lui pinça vivement le mollet, puis, la prenant sous les bras, la déposa lourdement à terre comme un énorme paquet.

Elle tapa avec la main sa robe de soie pour en faire tomber la poussière, puis regarda l'endroit où elle se trouvait.

C'était une femme de trente-six ans environ, forte en chair, épanouie et réjouissante à voir. Elle respirait avec peine, étranglée violemment par l'étreinte de son corset trop serré ; et la pression de cette machine rejetait jusque dans son double menton la masse fluctuante de sa poitrine surabondante.

La jeune fille ensuite, posant la main sur l'épaule de son père, sauta légèrement toute seule. Le garçon aux cheveux jaunes était descendu en mettant un pied sur la roue, et il aida M. Dufour à décharger la grand'mère.

Alors on détela le cheval, qui fut attaché à un arbre ; et la voiture tomba sur le nez, les deux brancards à terre. Les hommes, ayant retiré leurs redingotes, se lavèrent les mains dans un seau d'eau, puis rejoignirent leurs dames, installées déjà sur les escarpolettes.

M¹¹ᵉ Dufour essayait de se balancer debout, toute seule, sans parvenir à se donner un élan suffisant. C'était une belle fille de dix-huit à vingt ans ; une de ces femmes dont la rencontre dans la rue vous fouette d'un désir subit, et vous laisse jusqu'à la nuit une inquiétude vague et un soulèvement des sens. Grande, mince de taille et large des hanches, elle avait la peau très brune, les yeux très grands, les cheveux très noirs. Sa robe dessinait nettement les plénitudes fermes de sa chair, qu'accentuaient encore les efforts des reins qu'elle faisait pour s'enlever. Ses bras tendus tenaient les cordes au-dessus de sa tête, de sorte que sa poitrine se dressait, sans une secousse, à chaque impulsion qu'elle donnait. Son chapeau, emporté par un coup de vent, était tombé derrière elle; et l'escarpolette peu à peu se lançait, montrant à chaque retour ses jambes fines jusqu'au genou, et jetant à la figure des deux hommes, qui la regardaient en riant, l'air de ses jupes, plus capiteux que les vapeurs du vin.

Assise sur l'autre balançoire, Mme Dufour gémissait d'une façon monotone et continue : — « Cyprien, viens me pousser; viens donc me pousser, Cyprien! » — A la fin, il y alla et, ayant retroussé les manches de sa chemise, comme avant d'entreprendre un travail, il mit sa femme en mouvement avec une peine infinie.

Cramponnée aux cordes, elle tenait ses jambes droites, pour ne point rencontrer le sol, et elle jouissait d'être étourdie par le va-et-vient de la machine. Ses formes, secouées, tremblotaient continuellement comme de la gelée sur un plat. Mais, comme les élans grandissaient, elle fut prise de vertige et de peur. A chaque descente, elle poussait

un cri perçant qui faisait accourir tous les gamins
du pays ; et, là-bas, devant elle, au-dessus de la haie
du jardin, elle apercevait vaguement une garniture
de têtes polissonnes que des rires faisaient grimacer
diversement.

Une servante étant venue, on commanda le déjeuner.

— Une friture de Seine, un lapin sauté, une
salade et du dessert, articula Mme Dufour, d'un air
important. — Vous apporterez deux litres et une
bouteille de Bordeaux, dit son mari. — Nous dîne-
rons sur l'herbe, ajouta la jeune fille.

La grand'mère, prise de tendresse à la vue du
chat de la maison, le poursuivait depuis dix minutes
en lui prodiguant inutilement les plus douces
appellations. L'animal, intérieurement flatté sans
doute de cette attention, se tenait toujours tout prêt
de la main de la bonne femme, sans se laisser atteindre cependant, et faisait tranquillement le tour
des arbres, contre lesquels il se frottait, la queue
dressée, avec un petit ronron de plaisir.

— Tiens! cria tout à coup le jeune homme aux
cheveux jaunes qui furetait dans le terrain, en voilà
des bateaux qui sont chouette! — On alla voir. Sous
un petit hangar en bois étaient suspendues deux
superbes yoles de canotiers, fines et travaillées
comme des meubles de luxe. Elles reposaient côte à
côte, pareilles à deux grandes filles minces, en leur
longueur étroite et reluisante, et donnaient envie
de filer sur l'eau par les belles soirées douces ou les
claires matinées d'été, de raser les berges fleuries où

des arbres entiers trempent leurs branches dans
l'eau, où tremblote l'éternel frisson des roseaux, et
d'où s'envolent, comme des éclairs bleus, de rapides
martins-pêcheurs.

Toute la famille, avec respect, les contemplait.
— « Oh! ça, oui, c'est chouette », répéta gravement
M. Dufour. Et il les détaillait en connaisseur. Il
avait canoté, lui aussi, dans son jeune temps, disait-
il; voire même qu'avec ça dans la main — et il faisait le geste de tirer sur les avirons — il se fichait de
tout le monde. Il avait rossé en course plus d'un
Anglais, jadis, à Joinville; et il plaisanta sur le mot
dames, dont on désigne les deux montants qui
retiennent les avirons, disant que les canotiers, et
pour cause, ne sortaient jamais sans leurs *dames*. Il
s'échauffait en pérorant et proposait obstinément de
parier qu'avec un bateau comme ça, il ferait six
lieues à l'heure sans se presser.

— C'est prêt, — dit la servante qui apparut à
l'entrée. On se précipita; mais voilà qu'à la meilleure
place, qu'en son esprit Mme Dufour avait choisie
pour s'installer, deux jeunes gens déjeunaient déjà.
C'étaient les propriétaires des yoles, sans doute, car
ils portaient le costume des canotiers.

Ils étaient étendus sur des chaises, presque cou-
chés. Ils avaient la face noircie par le soleil et la
poitrine couverte seulement d'un mince maillot de
coton blanc qui laissait passer leurs bras nus, robustes comme ceux des forgerons. C'étaient deux
solides gaillards, posant beaucoup pour la vigueur,
mais qui montraient en tous leurs mouvements cette

grâce élastique des membres qu'on acquiert par
l'exercice, si différente de la déformation qu'im-
prime à l'ouvrier l'effort pénible, toujours le même.

Ils échangèrent rapidement un sourire en voyant
la mère, puis un regard en apercevant la fille. —
« Donnons notre place, dit l'un, ça nous fera faire
connaissance. » — L'autre aussitôt se leva et, tenant
à la main sa toque mi-partie rouge et mi-partie
noire, il offrit chevaleresquement de céder aux
dames le seul endroit du jardin où ne tombât point
le soleil. On accepta en se confondant en excuses;
et pour que ce fût plus champêtre, la famille s'installa sur l'herbe sans table ni sièges.

Les deux jeunes gens portèrent leur couvert
quelques pas plus loin et se remirent à manger.
Leurs bras nus, qu'ils montraient sans cesse, gê-
naient un peu la jeune fille. Elle affectait même de
tourner la tête et de ne point les remarquer, tandis
que Mme Dufour, plus hardie, sollicitée par une
curiosité féminine qui était peut-être du désir, les
regardait à tout moment, les comparant sans doute
avec regret aux laideurs secrètes de son mari.

Elle s'était éboulée sur l'herbe, les jambes pliées
à la façon des tailleurs, et elle se trémoussait continuellement, sous prétexte que des fourmis lui étaient
entrées quelque part. M. Dufour, rendu maussade
par la présence et l'amabilité des étrangers, cherchait une position commode qu'il ne trouva pas du
reste, et le jeune homme aux cheveux jaunes mangeait silencieusement comme un ogre.

— Un bien beau temps, monsieur, dit la grosse

dame à l'un des canotiers. Elle voulait être aimable
à cause de la place qu'ils avaient cédée. — Oui,
madame, répondit-il; venez-vous souvent à la campagne?

— Oh! une fois ou deux par an seulement, pour
prendre l'air; et vous, monsieur?

— J'y viens coucher tous les soirs.

— Ah! ça doit être bien agréable?

— Oui, certainement, madame.

Et il raconta sa vie de chaque jour, poétique-
ment, de façon à faire vibrer dans le cœur de ces
bourgeois privés d'herbe et affamés de promenades
aux champs cet amour bête de la nature qui les
hante toute l'année derrière le comptoir de leur
boutique.

La jeune fille, émue, leva les yeux et regarda le
canotier. M. Dufour parla pour la première fois. —
« Ça, c'est une vie », dit-il. Il ajouta : — « Encore
un peu de lapin, ma bonne. — Non, merci, mon
ami. »

Elle se tourna de nouveau vers les jeunes gens,
et, montrant leurs bras : — « Vous n'avez jamais
froid comme ça? » dit-elle.

Ils se mirent à rire tous les deux, et ils épouvan-
tèrent la famille par le récit de leurs fatigues prodi-
gieuses, de leurs bains pris en sueur, de leurs
courses dans le brouillard des nuits; et ils tapèrent
violemment sur leur poitrine pour montrer quel son
ça rendait. — « Oh! vous avez l'air solides », dit
le mari, qui ne parlait plus du temps où il rossait
les Anglais.

La jeune fille les examinait de côté maintenant ; et le garçon aux cheveux jaunes, ayant bu de travers, toussa éperdument, arrosant la robe en soie cerise de la patronne qui se fâcha et fit apporter de l'eau pour laver les taches.

Cependant, la température devenait terrible. Le fleuve étincelant semblait un foyer de chaleur et les fumées du vin troublaient les têtes.

M. Dufour, que secouait un hoquet violent, avait déboutonné son gilet et le haut de son pantalon ; tandis que sa femme, prise de suffocations, dégrafait sa robe peu à peu. L'apprenti balançait d'un air gai sa tignasse de lin et se versait à boire coup sur coup. La grand'mère, se sentant grise, se tenait fort raide et fort digne. Quant à la jeune fille, elle ne laissait rien paraître ; son œil seul s'allumait vaguement, et sa peau très brune se colorait aux joues d'une teinte plus rose.

Le café les acheva. On parla de chanter, et chacun dit son couplet, que les autres applaudirent avec frénésie. Puis on se leva difficilement, et, pendant que les deux femmes, étourdies, respiraient, les deux hommes, tout à fait pochards, faisaient de la gymnastique. Lourds, flasques, et la figure écarlate, ils se pendaient gauchement aux anneaux sans parvenir à s'enlever ; et leurs chemises menaçaient continuellement d'évacuer leurs pantalons pour battre au vent comme des étendards.

Cependant les canotiers avaient mis leurs yoles à l'eau et ils revenaient avec politesse proposer aux dames une promenade sur la rivière.

— Monsieur Dufour, veux-tu? je t'en prie! —
cria sa femme. Il la regarda d'un air d'ivrogne,
sans comprendre. Alors un canotier s'approcha,
deux lignes de pêcheur à la main. L'espérance de
prendre du goujon, cet idéal des boutiquiers, alluma
les yeux mornes du bonhomme, qui permit tout ce
qu'on voulut, et s'installa à l'ombre, sous le pont,
les pieds ballants au-dessus du fleuve, à côté du
jeune homme aux cheveux jaunes qui s'endormit
auprès de lui.

Un des canotiers se dévoua : il prit la mère. —
« Au petit bois de l'île aux Anglais! » cria-t-il en
s'éloignant.

L'autre yole s'en alla plus doucement. Le rameur
regardait tellement sa compagne qu'il ne pensait
plus à autre chose, et une émotion l'avait saisi qui
paralysait sa vigueur.

La jeune fille, assise dans le fauteuil du barreur,
se laissait aller à la douceur d'être sur l'eau. Elle se
sentait prise d'un renoncement de pensée, d'une
quiétude de ses membres, d'un abandonnement
d'elle-même, comme envahie par une ivresse mul-
tiple. Elle était devenue fort rouge, avec une respi-
ration courte. Les étourdissements du vin, déve-
loppés par la chaleur torrentielle qui ruisselait
autour d'elle, faisaient saluer sur son passage
tous les arbres de la berge. Un besoin vague de
jouissance, une fermentation du sang parcouraient
sa chair excitée par les ardeurs de ce jour; et elle
était aussi troublée dans ce tête-à-tête sur l'eau, au
milieu de ce pays dépeuplé par l'incendie du ciel,

avec ce jeune homme qui la trouvait belle, dont
l'œil lui baisait la peau, et dont le désir était pénétrant comme le soleil.

Leur impuissance à parler augmentait leur émotion, et ils regardaient les environs. Alors, faisant
un effort, il lui demanda son nom. — « Henriette,
dit-elle. — Tiens ! moi je m'appelle Henri », re-
prit-il.

Le son de leur voix les avait calmés ; ils s'inté-
ressèrent à la rive. L'autre yole s'était arrêtée et
paraissait les attendre. Celui qui la montait cria :
— « Nous vous rejoindrons dans le bois ; nous
allons jusqu'à Robinson, parce que Madame a soif. »
— Puis il se coucha sur les avirons et s'éloigna si
rapidement qu'on cessa bientôt de le voir.

Cependant un grondement continu qu'on distinguait vaguement depuis quelque temps s'approchait très vite. La rivière elle-même semblait
frémir comme si le bruit sourd montait de ses
profondeurs.

— Qu'est-ce qu'on entend ? demanda-t-elle.
C'était la chute du barrage qui coupait le fleuve en
deux à la pointe de l'île. Lui se perdait dans une
explication, lorsque, à travers le fracas de la cascade, un chant d'oiseau qui semblait très lointain
les frappa. — « Tiens ! dit-il, les rossignols chantent
dans le jour : c'est donc que les femelles couvent. »

Un rossignol ! Elle n'en avait jamais entendu, et
l'idée d'en écouter un fit se lever dans son cœur la
vision des poétiques tendresses. Un rossignol !
c'est-à-dire l'invisible témoin des rendez-vous

d'amour qu'invoquait Juliette sur son balcon ; cette musique du ciel accordée aux baisers des hommes ; cet éternel inspirateur de toutes les romances langoureuses qui ouvrent un idéal bleu aux pauvres petits cœurs des fillettes attendries !

Elle allait donc entendre un rossignol !

— Ne faisons pas de bruit, dit son compagnon, nous pourrons descendre dans le bois et nous asseoir tout près de lui.

La yole semblait glisser. Des arbres se montrèrent sur l'île, dont la berge était si basse que les yeux plongeaient dans l'épaisseur des fourrés. On s'arrêta ; le bateau fut attaché ; et, Henriette s'appuyant sur le bras de Henri, ils s'avancèrent entre les branches. — « Courbez-vous », dit-il. Elle se courba, et ils pénétrèrent dans un inextricable fouillis de lianes, de feuilles et de roseaux, dans un asile introuvable qu'il fallait connaître et que le jeune homme appelait en riant « son cabinet particulier ».

Juste au-dessus de leur tête, perché dans un des arbres qui les abritaient, l'oiseau s'égosillait toujours. Il lançait des trilles et des roulades, puis filait de grands sons vibrants qui emplissaient l'air et semblaient se perdre à l'horizon, se déroulant le long du fleuve et s'envolant au-dessus des plaines, à travers le silence de feu qui appesantissait la campagne.

Ils ne parlaient pas de peur de le faire fuir. Ils étaient assis l'un près de l'autre, et, lentement, le bras de Henri fit le tour de la taille de Henriette et l'enserra d'une pression douce. Elle prit, sans

4

colère, cette main audacieuse, et elle l'éloignait
sans cesse à mesure qu'il la rapprochait, n'éprou-
vant du reste aucun embarras de cette caresse,
comme si c'eût été une chose toute naturelle qu'elle
repoussait aussi naturellement.

Elle écoutait l'oiseau, perdue dans une extase.
Elle avait des désirs infinis de bonheur, des tendresses brusques qui la traversaient, des révélations
de poésies surhumaines, et un tel amollissement des
nerfs et du cœur, qu'elle pleurait sans savoir pourquoi. Le jeune homme la serrait contre lui maintenant; elle ne le repoussait plus, n'y pensant pas.

Le rossignol se tut soudain. Une voix éloignée
cria : — « Henriette ! »

— Ne répondez point, dit-il tout bas, vous feriez
envoler l'oiseau.

Elle ne songeait guère non plus à répondre.

Ils restèrent quelque temps ainsi. Mme Dufour
s'était assise quelque part, car on entendait vaguement, de temps en temps, les petits cris de la grosse
dame que lutinait sans doute l'autre canotier.

La jeune fille pleurait toujours, pénétrée de sen-
sations très douces, la peau chaude et piquée partout de chatouillements inconnus. La tête de Henri
était sur son épaule; et, brusquement, il la baisa
sur les lèvres. Elle eut une révolte furieuse et, pour
l'éviter, se rejeta sur le dos. Mais il s'abattit sur
elle, la couvrant de tout son corps. Il poursuivit
longtemps cette bouche qui le fuyait, puis, la joi-
gnant, y attacha la sienne. Alors, affolée par un
désir formidable, elle lui rendit son baiser en l'étrei-

gnant sur sa poitrine, et toute sa résistance tomba comme écrasée par un poids trop lourd.

Tout était calme aux environs. L'oiseau se remit à chanter. Il jeta d'abord trois notes pénétrantes qui semblaient un appel d'amour, puis, après un silence d'un moment, il commença d'une voix affaiblie des modulations très lentes.

Une brise molle glissa, soulevant un murmure de feuilles, et dans la profondeur des branches passaient deux soupirs ardents qui se mêlaient au chant du rossignol et au souffle léger du bois.

Une ivresse envahissait l'oiseau, et sa voix, s'accélérant peu à peu comme un incendie qui s'allume ou une passion qui grandit, semblait accompagner sous l'arbre un crépitement de baisers. Puis le délire de son gosier se déchaînait éperdument. Il avait des pâmoisons prolongées sur un trait, de grands spasmes mélodieux.

Quelquefois il se reposait un peu, filant seulement deux ou trois sons légers qu'il terminait soudain par une note suraiguë. Ou bien il partait d'une course affolée, avec des jaillissements de gammes, des frémissements, des saccades, comme un chant d'amour furieux, suivi par des cris de triomphe.

Mais il se tut, écoutant sous lui un gémissement tellement profond qu'on l'eût pris pour l'adieu d'une âme. Le bruit s'en prolongea quelque temps et s'acheva dans un sanglot.

Ils étaient bien pâles, tous les deux, en quittant leur lit de verdure. Le ciel bleu leur paraissait obscurci; l'ardent soleil était éteint pour leurs yeux;

ils s'apercevaient de la solitude et du silence. Ils marchaient rapidement l'un près de l'autre, sans se parler, sans se toucher, car ils semblaient devenus ennemis irréconciliables, comme si un dégoût se fût élevé entre leur corps, une haine entre leurs esprits.

De temps à autre, Henriette criait : — « Maman ! »

Un tumulte se fit sous un buisson. Henri crut voir une jupe blanche qu'on rabattait vite sur un gros mollet ; et l'énorme dame apparut, un peu confuse et plus rouge encore, l'œil très brillant et la poitrine orageuse, trop près peut-être de son voisin. Celui-ci devait avoir vu des choses bien drôles, car sa figure était sillonnée de rires subits qui la traversaient malgré lui.

Mme Dufour prit son bras d'un air tendre, et l'on regagna les bateaux. Henri, qui marchait devant, toujours muet à côté de la jeune fille, crut distinguer tout à coup comme un gros baiser qu'on étouffait.

Enfin l'on revint à Bezons.

M. Dufour, dégrisé, s'impatientait. Le jeune homme aux cheveux jaunes mangeait un morceau avant de quitter l'auberge. La voiture était attelée dans la cour, et la grand'mère, déjà montée, se désolait parce qu'elle avait peur d'être prise par la nuit dans la plaine, les environs de Paris n'étant pas sûrs.

On se donna des poignées de main, et la famille Dufour s'en alla. — « Au revoir ! » criaient les canotiers. Un soupir et une larme leur répondirent.

Deux mois après, comme il passait rue des Martyrs, Henri lut sur une porte : *Dufour, quincaillier*.

Il entra.

La grosse dame s'arrondissait au comptoir. On se reconnut aussitôt, et, après mille politesses, il demanda des nouvelles. — Et Mlle Henriette, comment va-t-elle ?

— Très bien, merci ; elle est mariée.

— Ah !...

Une émotion l'étreignit ; il ajouta :

— Et... avec qui ?

— Mais avec le jeune homme qui nous accompagnait, vous savez bien ; c'est lui qui prend la suite.

— Oh ! parfaitement.

Il s'en allait fort triste, sans trop savoir pourquoi. Mme Dufour le rappela :

— Et votre ami ? dit-elle timidement.

— Mais il va bien.

— Faites-lui nos compliments, n'est-ce pas ? et, quand il passera, dites-lui donc de venir nous voir...

Elle rougit fort, puis ajouta : — Ça me fera bien plaisir ; dites-lui.

— Je n'y manquerai pas. Adieu !

— Non... à bientôt !

L'année suivante, un dimanche qu'il faisait très chaud, tous les détails de cette aventure, que Henri n'avait jamais oubliée, lui revinrent subitement, si nets et si désirables, qu'il retourna tout seul à leur chambre dans le bois.

Il fut stupéfait en entrant. Elle était là, assise sur l'herbe, l'air triste, tandis qu'à son côté, toujours en manches de chemise, son mari, le jeune homme aux cheveux jaunes, dormait consciencieusement comme une brute.

Elle devint si pâle en voyant Henri qu'il crut qu'elle allait défaillir. Puis ils se mirent à causer naturellement, de même que si rien ne se fût passé entre eux.

Mais comme il lui racontait qu'il aimait beaucoup cet endroit et qu'il y venait souvent se reposer, le dimanche, en songeant à bien des souvenirs, elle le regarda longuement dans les yeux.

— Moi, j'y pense tous les soirs, dit-elle.

— Allons, ma bonne, reprit en bâillant son mari, je crois qu'il est temps de nous en aller.

.Paris. — L.-Imp. réunies, 7, rue Saint-Benoît.

CONTES CHOISIS

GUY DE MAUPASSANT

UN SOIR

PARIS

imprimé pour

LA SOCIÉTÉ DES BIBLIOPHILES CONTEMPORAINS

189.

UN SOIR

Le présent conte de GUY DE MAUPASSANT

UN SOIR

a été entièrement illustré
par GEORGES SCOTT dont les dessins ont été gravés sur bois
par MM. D. QUESNEL et DUPLESSIS

et tirés en typographie repérée sur papier filigrané spécial,
sur les presses à bras
de l'ANCIENNE MAISON QUANTIN,

au nombre des sociétaires des *Bibliophiles contemporains*
par les soins du président-fondateur

OCTAVE UZANNE

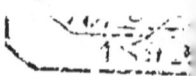

Un Soir

PARIS

Imprimé pour les *BIBLIOPHILES CONTEMPORAINS*

1892

UN SOIR

Récit Algérien

E Kléber *avait stoppé, et je regardais de mes yeux
ravis l'admirable golfe de Bougie qui s'ouvrait
devant nous. Les forêts kabyles couvraient les
hautes montagnes; les sables jaunes, au loin,
faisaient à la mer une rive de poudre d'or, et le
soleil tombait en torrents de feu sur les maisons blanches de la petite ville.*

*La brise chaude, la brise d'Afrique,
apportait à mon cœur joyeux l'odeur du désert, l'odeur du grand
continent mystérieux où l'homme du Nord ne pénètre guère. Depuis
trois mois, j'errais sur le bord de ce monde profond et inconnu,
sur le rivage de cette terre fantastique de l'autruche, du chameau,
de la gazelle, de l'hippopotame, du gorille, de l'éléphant et du
nègre. J'avais vu l'arabe galoper dans le vent, comme un drapeau*

qui flotte et vole et passe; j'avais couché sous la tente brune, dans la demeure vagabonde de ces oiseaux blancs du désert. J'étais ivre de lumière, de fantaisie et d'espace.

Maintenant, après cette dernière excursion, il faudrait partir, retourner en France, revoir Paris, la ville du bavardage inutile, des soucis médiocres et des poignées de mains sans nombre. Je dirais adieu aux choses aimées, si nouvelles, à peine entrevues, tant regrettées.

Une flotte de barques entourait le paquebot. Je sautai dans l'une d'elles, où ramait un négrillon, et je fus bientôt sur le quai, près de la vieille porte sarrasine, dont la ruine grise, à l'entrée de la cité kabyle, semble un écusson de noblesse antique.

Comme je demeurais debout sur le port, à côté de ma valise, regardant sur la rade le gros navire à l'ancre, et stupéfait d'admiration devant cette côte unique, devant ce cirque de montagnes baignées par les flots bleus, plus beau que celui de Naples, aussi beau que ceux d'Ajaccio et de Porto, en Corse, une lourde main me tomba sur l'épaule.

Je me retournai et je vis un grand homme à barbe longue, coiffé d'un chapeau de paille, vêtu de flanelle blanche, debout à côté de moi, et me dévisageant de ses yeux bleus.

« N'êtes-vous pas mon ancien camarade de pension? dit-il.

— C'est possible. Comment vous appelez-vous?

— Trémoulin.

— Parbleu! Tu étais mon voisin d'études.

— Ah! vieux, je t'ai reconnu du premier coup, moi! »

Et la longue barbe se frotta sur mes joues.

Il semblait si content, si gai, si heureux de me voir, que, par un élan d'amical égoïsme, je serrai fortement les deux mains de ce camarade de jadis, et que je me sentis moi-même très satisfait de l'avoir ainsi retrouvé. Trémoulin avait été pour moi pendant quatre ans le plus intime, le meilleur de ces compagnons d'études que nous oublions si vite à peine sortis du collège. C'était alors un grand corps mince, qui semblait porter une tête trop lourde, une grosse tête ronde,

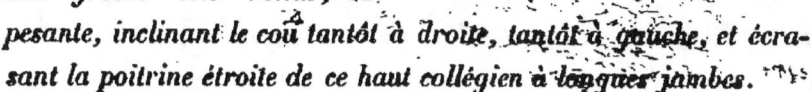

pesante, inclinant le cou tantôt à droite, tantôt à gauche, et écrasant la poitrine étroite de ce haut collégien à longues jambes.

Très intelligent, doué d'une facilité merveilleuse, d'une rare souplesse d'esprit, d'une sorte d'intuition instinctive pour toutes les études littéraires, Trémoulin était le grand décrocheur de prix de notre classe. On demeurait convaincu au collège qu'il deviendrait un homme illustre, un poète sans doute, car il faisait des vers et il était plein d'idées ingénieusement sentimentales. Son père, pharmacien dans le quartier du Panthéon, ne passait pas pour riche.

Aussitôt après le baccalauréat, je l'avais perdu de vue.

« Qu'est-ce que tu fais ici? » m'écriai-je.

Il répondit en souriant : « Je suis colon.

— Bah! Tu plantes?

— Et je récolte.

— Quoi?

— Du raisin, dont je fais du vin.

— Et ça va?

— Ça va très bien.

— Tant mieux, mon vieux.

— Tu allais à l'hôtel ?

— Mais, oui.

— Eh bien, tu iras chez moi.

— Mais !...

— C'est entendu. »

Et il dit au négrillon qui surveillait nos mouvements :

« Chez moi, Ali. »

Ali répondit :

« Foui, moussi. »

Puis il se mit à courir, ma valise sur l'épaule, ses pieds noirs battant la poussière. Trémoulin me saisit le bras et m'emmena. D'abord il me posa des questions sur mon voyage, sur mes impressions, et, voyant mon enthousiasme, parut m'en aimer davantage.

Sa demeure était une vieille maison mauresque à cour intérieure, sans fenêtres sur la rue, et dominée par une terrasse qui dominait elle-même celles des maisons voisines, et le golfe et les forêts, les montagnes, la mer.

Je m'écriai :

« Ah ! voilà ce que j'aime ; tout l'Orient m'entre dans le cœur en ce logis. Cristi ! que tu es heureux de vivre ici ! Quelles nuits tu dois passer sur cette terrasse ! Tu y couches ?

— Oui, j'y dors pendant l'été. Nous y monterons ce soir. Aimes-tu la pêche ?

— Quelle pêche ?

— La pêche au flambeau.

— Mais oui, je l'adore.

— Eh bien, nous irons, après

dîner. Puis nous reviendrons prendre des sorbets sur mon toit. »

Après que je me fus baigné, il me fit visiter la ravissante ville kabyle, une vraie cascade de maisons blanches dégringolant à la mer; puis nous rentrâmes comme le soir venait, et, après un exquis dîner, nous descendîmes vers le quai.

On ne voyait plus rien que les feux des rues et les étoiles, ces larges étoiles luisantes, scintillantes, du ciel d'Afrique.

Dans un coin du port, une barque attendait. Dès que nous fûmes dedans, un homme dont je n'avais point distingué le visage se mit à ramer pendant que mon ami préparait le brasier qu'il allumerait tout à l'heure. Il me dit :

« Tu sais, c'est moi qui manie la fouine. Personne n'est plus fort que moi.

— Mes compliments. »

Nous avions contourné une sorte de môle et nous étions maintenant dans une petite baie pleine de hauts rochers dont les ombres avaient l'air de tours bâties dans l'eau, et je m'aperçus tout à coup que la mer était phosphorescente. Les avirons qui la battaient lentement, à coups *réguliers, allumaient dedans, à chaque tombée, une lueur mouvante et bizarre qui traînait ensuite au loin derrière nous, en s'éteignant. Je regardais, penché, cette coulée de clarté pâle, émiettée par les rames, cet inexprimable feu de la mer, ce feu froid qu'un mouvement allume et qui meurt dès que le flot se calme. Nous allions dans le noir, glissant sur cette lueur, tous les trois.*

Où allions-nous ? Je ne voyais point mes voisins, je ne voyais rien que ce remous lumineux et les étincelles d'eau projetées par les avirons.

Il faisait chaud, très chaud. L'ombre semblait chauffée dans un four, et mon cœur se troublait de ce voyage mystérieux avec ces deux hommes dans cette barque silencieuse.

Des chiens, les maigres chiens arabes au poil roux, au nez pointu, aux yeux luisants, aboyaient au loin, comme ils aboient toutes les nuits sur cette terre démesurée, depuis les rives de la mer jusqu'au fond du désert où campent les tribus errantes. Les renards, les chacals, les hyènes, répondaient ; et non loin de là, sans doute, quelque lion solitaire devait grogner dans une gorge de l'Atlas.

Soudain, le rameur s'arrêta. Où étions-nous ? Un petit bruit grinça près de moi. Une flamme d'allumette apparut, et je vis une main, rien qu'une main, portant cette flamme légère vers la grille de fer suspendue à l'avant du bateau et chargée de bois comme un bûcher flottant.

Je regardais, surpris, comme si cette vue eût été troublante et

nouvelle, et je suivis avec émotion la petite flamme touchant au bord de ce foyer une poignée de bruyères sèches qui se mirent à crépiter.

Alors, dans la nuit endormie, dans la lourde nuit brûlante, un grand feu clair jaillit, illuminant, sous un dais de ténèbres pesant sur nous, la barque et deux hommes, un vieux matelot maigre, blanc et ridé, coiffé d'un mouchoir noué sur la tête, et Trémoulin, dont la barbe blonde luisait.

« Avant! » dit-il.

L'autre rama, nous remettant en marche, au milieu d'un météore, sous le dôme d'ombre mobile qui se promenait avec nous. Trémoulin, d'un mouvement continu, jetait du bois sur le brasier qui flambait, éclatant et rouge.

Je me penchai de nouveau et j'aperçus le fond de la mer. A quelques pieds sous le bateau il se déroulait lentement, à mesure que nous passions, l'étrange pays de l'eau, de l'eau qui vivifie, comme l'air du ciel, des plantes et des bêtes. Le brasier enfonçant jusqu'aux rochers sa vive lumière, nous glissions sur des forêts surprenantes d'herbes rousses, roses, vertes, jaunes. Entre elles et nous, une glace admirablement transparente, une glace liquide, presque invisible, les rendait féeriques, les reculait dans un rêve, dans le rêve qu'éveillent les océans profonds. Cette onde claire si limpide qu'on ne distinguait point, qu'on devinait plutôt, mettait entre ces étranges végétations et nous quelque chose de troublant comme le doute de la réalité, les faisait mystérieuses comme les paysages des songes.

Quelquefois les herbes venaient jusqu'à la surface, pareilles à des cheveux, à peine remuées par le lent passage de la barque.

Au milieu d'elles, de minces poissons d'argent filaient, fuyaient, vus une seconde et disparus. D'autres, endormis encore, flottaient suspendus au milieu de ces broussailles d'eau, luisants et fluets, insaisissables. Souvent un crabe courait vers un trou pour se cacher, ou bien une méduse bleuâtre et transparente, à peine visible, fleur d'azur pâle, vraie fleur de mer, laissait traîner son corps liquide dans notre léger remous; puis, soudain, le fond disparaissait, tombé plus bas, très loin, dans un brouillard de verre épaissi. On voyait vaguement alors de gros rochers et des varechs sombres, à peine éclairés par le brasier.

Trémoulin, debout à l'avant, le corps penché, tenant aux

mains le long trident aux
pointes aiguës qu'on nomme la fouine, guettait les rochers, les
herbes, le fond changeant de la mer, avec un œil ardent de bête
qui chasse.

Tout à coup, il laissa glisser dans l'eau, d'un mouvement vif et doux, la tête fourchue de son arme, puis il la
lança comme on lance une flèche, avec une telle promptitude

qu'elle saisit à la course un grand
poisson fuyant devant nous.

Je n'avais rien vu que le geste
de Trémoulin, mais je l'entendis grogner de joie, et,
comme il levait sa fouine
dans la clarté du brasier,
j'aperçus une bête qui se tor-
dait traversée par les dents de
fer. C'était un congre.

Après l'avoir contemplé et
me l'avoir montré en le
promenant au-dessus de
la flamme, mon ami le jeta dans
le fond du bateau. Le serpent de mer, le corps percé de cinq
plaies, glissa, rampa, frôlant mes pieds, cherchant un trou pour
fuir, et, ayant trouvé entre les membrures du bateau une flaque
d'eau saumâtre, il s'y blottit, s'y roula presque mort déjà.

Alors, de minute en minute, Trémoulin cueillit, avec une
adresse surprenante, avec une rapidité foudroyante, avec une
sûreté miraculeuse, tous les étranges vivants de l'eau salée. Je
voyais tour à tour passer au-dessus du feu, avec des convulsions
d'agonie, des loups argentés, des murènes sombres tachetées de
sang, des rascasses hérissées de dards, et des sèches, animaux
bizarres qui crachaient de l'encre et faisaient la mer toute noire,
pendant quelques instants, autour du bateau.

Cependant je croyais sans cesse entendre des cris d'oiseaux
autour de nous, dans la nuit, et je levais la tête, m'efforçant de
voir d'où venaient ces sifflements aigus, proches ou lointains,
courts ou prolongés. Ils étaient innombrables, incessants, comme
si une nuée d'ailes eût plané sur nous, attirées sans doute par la
flamme. Parfois ces bruits semblaient tromper l'oreille et sortir
de l'eau.

je demandai :

« Qui est-ce qui siffle ainsi?

Mais ce sont les charbons qui tombent. »

C'était en effet le brasier semant sur la mer une pluie de brin-

dilles en feu. Elles tombaient rouges
ou flambant encore et s'éteignaient
avec une plainte douce, pénétrante,
bizarre, tantôt un vrai gazouille-
ment, tantôt un appel court
d'émigrant qui passe. Des
gouttes de résine ronflaient comme
des balles ou comme des frelons et
mouraient brusquement en plon-
geant. On eût dit vraiment des voix
d'êtres, une inexprimable et frêle
rumeur de vie errant dans l'ombre
tout près de nous.

Trémoulin cria soudain :

« Ah !... la gueuse ! »

Il lança sa fouine, et, quand il la releva, je vis, enveloppant
les dents de la fourchette et collée au bois, une sorte de grande
loque de chair rouge qui palpitait, remuait, enroulant et déroul-
lant de longues et molles et fortes lanières couvertes de suçoirs
autour du manche du trident. C'était une pieuvre.

Il approcha de moi cette proie, et je distinguai les deux gros
yeux du monstre qui me regardaient, des yeux saillants, troubles
et terribles, émergeant d'une sorte de poche qui ressemblait à une
tumeur. Se croyant libre, la bête allongea lentement un de ses
membres dont je vis les ventouses blanches ramper vers moi. La
pointe en était fine comme un fil, et dès que cette jambe dévorante
se fut accrochée au banc, une autre se souleva, se déploya pour la
suivre. On sentait là dedans, dans ce corps musculeux et mou,
dans cette ventouse vivante, rougeâtre et flasque, une irrésistible
force. Trémoulin avait ouvert son couteau, et, d'un coup brusque,
il le plongea entre les yeux.

On entendit un soupir, un bruit d'air qui s'échappe ; et le
poulpe cessa d'avancer.

Je dis à
Trémoulin : « Tu as de
la chance d'habiter ici. »
   Il répondit :
   « C'est le hasard qui m'y a conduit.
      Le hasard?
   – Oui, le hasard et le malheur.

— Tu as été malheureux ?

— Très malheureux. »

Il était debout, devant moi, enveloppé de son burnous, et sa
voix me fit passer un frisson sur la peau, tant elle me sembla
douloureuse.

Il reprit après un moment de silence :

« Je peux te raconter mon chagrin. Cela me fera peut-être
du bien d'en parler.

— Raconte.

— Tu le veux?

— Oui.

— Voilà. Tu te rappelles bien ce que j'étais au collège :
une manière de poète élevé dans une pharma-
cie. Je rêvais de faire des livres, et j'essayai,
après mon baccalauréat. Cela ne me réus-
sit pas. Je publiai un volume de vers,
puis un roman, sans vendre davantage
l'un que l'autre, puis une pièce de théâtre
qui ne fut pas jouée.

Alors, je devins amoureux. Je ne te raconterai pas ma passion. A côté de la boutique de
papa, il y avait un tailleur, lequel était père d'une fille. Je l'aimai.
Elle était intelligente, ayant conquis ses diplômes d'instruction
supérieure, et avait un esprit vif, sautillant, très en harmonie,
d'ailleurs, avec sa personne. On lui eût donné quinze ans, bien
qu'elle en eût plus de vingt-deux. C'était une toute petite femme,
fine de traits, de lignes, de ton, comme une aquarelle délicate.
Son nez, sa bouche, ses yeux bleus, ses cheveux blonds, son
sourire, sa taille, ses mains, tout cela semblait fait pour une
vitrine et non pour la vie à l'air. Pourtant elle était vive, souple
et active incroyablement. J'en fus très amoureux. Je me rappelle
deux ou trois promenades au jardin du Luxembourg, auprès de
la fontaine de Médicis, qui demeureront assurément les meilleures
heures de ma vie. Tu connais, n'est-ce pas, cet état bizarre de
folie tendre qui fait que nous n'avons plus de pensée que pour
des actes d'adoration? On devient véritablement un possédé que
hante une femme, et rien n'existe plus pour nous à côté d'elle.

Nous fûmes bientôt fiancés. Je lui communiquai mes projets
d'avenir qu'elle blâma. Elle ne me croyait ni poète, ni romancier, ni auteur dramatique, et pensait que le commerce, quand
il prospère, peut donner le bonheur parfait.

3

Renonçant donc à com-
poser des livres, je me
résignai à en vendre, et
j'achetai, à Marseille, la
Librairie Universelle,
dont le propriétaire était
mort.

J'eus là trois bonnes
années. Nous avions fait
de notre magasin une sorte
de salon littéraire où tous
les lettrés de la ville venaient causer. On entrait
chez nous comme on entre
au cercle, et on échangeait
des idées sur les livres,
sur les poètes, sur la politique surtout. Ma femme, qui
dirigeait la vente, jouissait d'une
vraie notoriété dans la ville.
Quant à moi, pendant qu'on
bavardait au rez-de-chaussée, je travaillais dans mon cabinet du
premier, qui communiquait avec la librairie par un escalier
tournant. J'entendais les voix, les rires, les discussions, et je
cessais d'écrire parfois, pour écouter. Je m'étais mis en secret à
composer un roman, — que je n'ai pas fini. Les habitués les
plus assidus étaient M. Montina, un rentier, un grand garçon,
un beau garçon, un beau du Midi, à poil noir, avec des yeux
complimenteurs, M. Barbet, un magistrat, deux commerçants,
MM. Faueil et Labarrègue, et le général marquis de Flèche, le
chef du parti royaliste, le plus gros personnage de la province,
un vieux de soixante six ans.

Les affaires marchaient bien. J'étais heureux, très heureux.

Voilà qu'un jour, vers trois heures, en faisant des courses, je passai par la rue Saint-Ferréol et je vis sortir soudain d'une porte une femme dont la tournure ressemblait si fort à celle de la mienne que je me serais dit : « C'est elle ! » si je ne l'avais laissée, un peu souffrante, à la boutique une heure plus tôt. Elle marchait devant moi, d'un pas rapide, sans se retourner. Et je me mis à la suivre presque malgré moi, surpris, inquiet. Je me disais : « Ce n'est pas elle. Non. C'est impossible, puisqu'elle avait la migraine. Et puis qu'aurait-elle été faire dans cette maison ? »

Je voulus cependant en avoir le cœur net, et je me hâtai pour la rejoindre. M'a-t-elle senti ou deviné ou reconnu à mon pas, je n'en sais rien, mais elle se retourna brusquement. C'était elle ! En me voyant elle rougit beaucoup et s'arrêta, puis, souriant :

« Tiens, le voilà ? »

J'avais le cœur serré.

« Oui. Tu es donc sortie ? Et ta migraine ?

— Ça allait mieux, j'ai été faire une course.

— Où donc ?

— Chez Lacaussade, rue Cassinelli, pour une commande de crayons. »

Elle me regardait bien en face. Elle n'était plus rouge, mais plutôt un peu pâle. Ses yeux clairs et limpides — ah ! les yeux des femmes ! — semblaient pleins de vérité, mais je sentis vague-

ment, douloureusement, qu'ils étaient pleins de mensonge. Je restai devant elle plus confus, plus embarrassé, plus saisi qu'elle-même, sans oser rien soupçonner, mais sûr qu'elle mentait. Pourquoi? je n'en savais rien.

Je dis seulement :

« Tu as bien fait de sortir si ta migraine va mieux.

— Oui, beaucoup mieux.

— Tu rentres?

Mais oui. »

Je la quittai, et m'en allai seul, par les rues. Que se passait-il? J'avais eu, en face d'elle, l'intuition de sa fausseté. Maintenant je n'y pouvais croire; et, quand je rentrai pour dîner, je m'accusais d'avoir suspecté, même une seconde, sa sincérité.

As-tu été jaloux, toi? oui ou non, qu'importe! La première goutte de jalousie était tombée sur mon cœur. Ce sont des gouttes de feu. Je ne formulais rien, je ne croyais rien. Je savais seulement qu'elle avait menti. Songe que tous les soirs, quand nous restions en tête à tête, après le départ des clients et des commis, soit qu'on allât flâner jusqu'au port, quand il faisait beau, soit qu'on demeurât à bavarder dans mon bureau, s'il faisait mauvais, je laissais s'ouvrir mon cœur devant elle avec un abandon sans réserve, car je l'aimais. Elle était une part de ma vie, la plus grande, et toute ma joie. Elle tenait dans ses petites mains ma pauvre âme captive, confiante et fidèle.

Pendant les premiers jours, ces premiers jours de doute et de détresse avant que le soupçon se précise et grandisse, je me

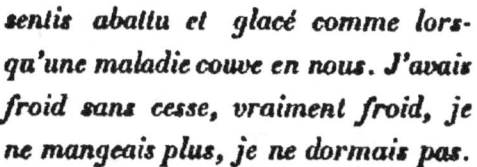

sentis abattu et glacé comme lorsqu'une maladie couve en nous. J'avais
froid sans cesse, vraiment froid, je
ne mangeais plus, je ne dormais pas.

Pourquoi avait-elle menti? Que
faisait-elle dans cette maison? J'y
étais entré pour tâcher de découvrir
quelque chose. Je n'avais rien trouvé. Le
locataire du premier, un tapissier, m'avait ren-
seigné sur tous ses voisins, sans que rien me jetât sur une piste.
Au second habitait une sage-femme, au troisième une couturière et une manicure, dans les combles deux cochers avec leurs
familles.

Pourquoi avait-elle menti? Il lui aurait été si facile de me
dire qu'elle venait de chez la couturière ou de chez la manicure.
Oh! quel désir j'ai eu de les interroger aussi! Je ne l'ai pas fait,
de peur qu'elle en fût prévenue et qu'elle connût mes soupçons.

Donc, elle était entrée dans cette maison et me l'avait caché.
Il y avait un mystère. Lequel? Tantôt j'imaginais des raisons
louables, une bonne œuvre dissimulée, un renseignement à chercher, je m'accusais de la suspecter. Chacun de nous n'a-t-il pas
le droit d'avoir ses petits secrets innocents, une sorte de seconde
vie intérieure dont on ne doit compte à personne? Un homme,
parce qu'on lui a donné pour compagne une jeune fille, peut-il
exiger qu'elle ne pense et ne fasse plus rien sans l'en prévenir
avant ou après? Le mot mariage veut-il dire renoncement à toute
indépendance, à toute liberté? Ne se pouvait-il faire qu'elle allât
chez une couturière sans me le dire ou qu'elle secourût la famille
d'un des cochers? Ne se pouvait-il aussi que sa visite dans cette
maison, sans être coupable, fût de nature à être, non pas blâmée,
mais critiquée par moi? Elle me connaissait jusque dans mes
manies les plus ignorées et craignait peut-être, sinon un reproche,
du moins une discussion. Ses mains étaient fort jolies, et je finis

par supposer qu'elle les faisait soigner en cachette
par la manicure du logis suspect et
qu'elle ne l'avouait point pour
ne pas paraître dissipatrice. Elle
avait de l'ordre, de l'épargne,
mille précautions de femme éco-
nome et entendue aux affaires.
En confessant cette petite dépense de coquetterie,
elle se serait sans doute jugée amoindrie à
mes yeux. Les femmes ont tant de subtilités
et de roueries natives dans l'âme.

Mais tous mes raisonnements ne me rassu-
raient point. J'étais jaloux. Le soupçon
me travaillait, me déchirait, me dévorait.
Ce n'était pas encore un soupçon, mais
le soupçon. Je portais en moi une douleur, une angoisse
affreuse, une pensée encore voilée, — oui, une pensée avec un voile
dessus, — ce voile, je n'osais pas le soulever, car, dessous, je
trouverais un horrible doute... Un amant!... N'avait-elle pas
un amant?... Songe! songe! Cela était invraisemblable, impossible... et pourtant?...

La figure de Montina passait sans cesse devant mes yeux.
Je le voyais, ce grand bellâtre aux cheveux luisants, lui sourire
dans le visage, et je me disais : « C'est lui. »

Je me faisais l'histoire de leur liaison. Ils avaient parlé d'un
livre ensemble, discuté l'aventure d'amour, trouvé quelque chose
qui leur ressemblait, et de cette analogie avaient fait une réalité.

Et je les surveillais, en proie au plus abominable supplice que
puisse endurer un homme. J'avais acheté des chaussures à semelles
de caoutchouc afin de circuler sans bruit, et je passais ma vie
maintenant à monter et à descendre mon petit escalier en limaçon
pour les surprendre. Souvent même, je me laissais glisser sur les
mains, la tête la première, le long des marches, afin de voir ce

qu'ils faisaient. Puis je devais remonter à reculons, avec des efforts et une peine infinis, après avoir constaté que le commis était en tiers.

Je ne vivais plus, je souffrais. Je ne pouvais plus penser à rien, ni travailler, ni m'occuper de mes affaires. Dès que je sortais, dès que j'avais fait cent pas dans la rue, je me disais : « Il est là », et je rentrais. Il n'y était pas. Je repartais ! Mais à peine m'étais-je éloigné de nouveau, je repensais : « Il est venu maintenant », et je retournais.

Cela durait tout le long des jours.

La nuit, c'était plus affreux encore, car je la sentais à côté de moi, dans mon lit. Elle était là, dormant ou feignant de dormir ! Dormait-elle ? Non, sans doute. C'était encore un mensonge ?

Je restais immobile, sur le dos, brûlé par la chaleur de son corps, haletant et torturé. Oh ! quelle envie, une envie ignoble et puissante, de me lever, de prendre une bougie et un marteau, et, d'un seul coup, de lui fendre la tête, pour voir dedans ! J'aurais vu, je le sais bien, une bouillie de cervelle et de sang, rien de plus.

Je n'aurais pas su ! Impossible de savoir ! Et ses yeux ! Quand elle me regardait, j'étais soulevé par des rages folles. On la regarde, — elle vous regarde ! Ses yeux sont transparents, candides — et faux, faux, faux ! et on ne peut deviner ce qu'elle pense, derrière. J'avais envie d'enfoncer des aiguilles dedans, de crever ces glaces de fausseté.

Ah ! comme je comprends l'inquisition ! Je lui aurais tordu les poignets dans des manchettes de fer. — Parle... avoue !... Tu ne veux pas ?... attends !... — Je lui aurais serré la gorge doucement... — Parle, avoue !... tu ne veux pas ?... — et j'aurais serré, serré, jusqu'à la voir râler, suffoquer, mourir... Ou bien je lui aurais brûlé les doigts sur le feu... Oh ! cela, avec quel bonheur je l'aurais fait !... — Parle... parle donc !... Tu ne veux pas ? — Je les aurais tenus sur les charbons, ils auraient été grillés, par le bout... et elle aurait parlé... certes !... elle aurait parlé...

Trémoulin, dressé, les poings fermés, criait. Autour de nous, sur les toits voisins, les ombres se soulevaient, se réveillaient, écoutaient, troublées dans leur repos.

Et moi, ému, capté par un intérêt puissant, je voyais devant moi, dans la nuit, comme si je l'avais connue, cette petite femme, ce petit être blond, vif et rusé. Je la voyais vendre ses livres, causer avec les hommes que son air d'enfant troublait, et je voyais dans sa fine tête de poupée les petites idées sournoises, les folles idées empanachées, les rêves de modistes parfumées au musc s'attachant à tous les héros des romans d'aventures. Comme lui je la suspectais, je la détestais, je la haïssais, je lui aurais aussi brûlé les doigts pour qu'elle avouât.

Il reprit, d'un ton plus calme :

— Je ne sais pas pourquoi je te raconte cela. Je n'en ai jamais parlé à personne. Oui, mais je n'ai vu personne depuis deux ans. Je n'ai causé avec personne, avec personne ! Et cela me bouillonnait dans le cœur comme une boue qui fermente. Je la vide. Tant pis pour toi.

Eh bien, je m'étais trompé, c'était pis que ce que j'avais cru, pis que tout. Écoute. J'usai du moyen qu'on emploie toujours, je simulai des absences. Chaque fois que je m'éloignais, ma femme déjeunait dehors. Je ne te raconterai pas comment j'achetai un garçon de restaurant pour la surprendre.

La porte de leur cabinet devait m'être ouverte, et j'arrivai, à l'heure convenue, avec la résolution formelle de les tuer. Depuis la veille, je voyais la scène comme si elle avait déjà eu lieu ! J'entrais ! Une petite table couverte de verres, de bouteilles et d'assiettes, la séparait de Montina. Leur surprise était telle en m'apercevant qu'ils demeuraient immobiles. Moi, sans dire un mot, j'abattais sur la tête de l'homme la canne plombée dont j'étais armé. Assommé d'un seul coup, il s'affaissait, la figure sur la

nappe! Alors je me tournais vers
elle, et je lui laissais le temps —
quelques secondes — de comprendre
et de tordre ses bras vers moi, folle
d'épouvante, avant de mourir à son
tour. Oh ! j'étais prêt, fort, résolu
et content, content jusqu'à l'ivresse.
L'idée du regard éperdu qu'elle me
jetterait sous ma canne levée, de ses
mains tendues en avant, du cri de sa
gorge, de sa figure soudain livide et
convulsée, me vengeait d'avance. Je
ne l'abattrais pas du premier coup,
elle! Tu me trouves féroce, n'est-ce
pas? Tu ne sais pas ce qu'on souffre.
Penser qu'une femme, épouse ou
maîtresse, qu'on aime, se donne à un
autre, se livre à lui comme à vous, et reçoit ses lèvres comme les
vôtres! C'est une chose atroce, épouvantable. Quand on a connu
un jour cette torture, on est capable de tout. Oh ! je m'étonne
qu'on ne tue pas plus souvent, car tous ceux qui ont été trahis,
tous, ont désiré tuer, ont joui de cette mort rêvée, ont fait, seuls
dans leur chambre, ou sur une route déserte, hantés par l'hallucina-
tion de la vengeance satisfaite, le geste d'étrangler ou d'assommer.

Moi, j'arrivai à ce restaurant. Je demandai : « Ils sont là ? »
Le garçon rendu répondit : « Oui, monsieur », me fit monter un
escalier, et me montrant une porte : « Ici ! » dit-il. Je serrais ma
canne comme si mes doigts eussent été de fer. J'entrai.

J'avais bien choisi l'instant. Ils s'embrassaient, mais ce
n'était pas Montina. C'était le général de Flèche, le général qui
avait soixante-six ans ! Je m'attendais si bien à trouver l'autre,
que je demeurai perclus d'étonnement.

Et puis... et puis... je ne sais pas encore ce qui se passa en moi... non... je ne sais pas. Devant l'autre, j'aurais été convulsé de fureur !... Devant celui-là, devant ce vieil homme ventru, aux joues tombantes, je fus suffoqué par le dégoût. Elle, la petite, qui semblait avoir quinze ans, s'était donnée, livrée à ce gros homme presque gâteux, parce qu'il était marquis, général, l'ami, et le représentant des rois détrônés. Non, je ne sais pas ce que je sentis, ni ce que je pensai. Ma main n'aurait pas pu frapper ce vieux ! Quelle honte ! Non, je n'avais plus envie de tuer ma femme, mais toutes les femmes qui peuvent faire des choses pareilles ! Je n'étais plus jaloux, j'étais éperdu comme si j'avais vu l'horreur des horreurs !

Qu'on dise ce qu'on voudra des hommes, ils ne sont point si vils que cela ! Quand on en rencontre un qui s'est livré de cette façon, on le montre au doigt. L'époux ou l'amant d'une vieille femme est plus méprisé qu'un voleur. Nous sommes propres, mon cher. Mais elles, elles, des filles, dont le cœur est sale ! Elles sont à tous, jeunes ou vieux, pour des raisons méprisables et différentes, parce que c'est leur profession, leur vocation et leur fonction. Ce sont les éternelles, inconscientes et sereines prostituées qui livrent leur corps sans dégoût, parce qu'il est marchandise d'amour, qu'elles le vendent ou qu'elles le donnent, au vieillard qui hante les trottoirs avec de l'or dans sa poche, ou bien, pour la gloire, au vieux souverain lubrique, au vieil homme célèbre et répugnant !...

Il vociférait comme un prophète antique, d'une voix furieuse, sous le ciel étoilé, criant, avec une rage de désespéré, la honte glorifiée de toutes les maîtresses des vieux monarques, la honte respectée de toutes les vierges qui acceptent de vieux époux, la honte tolérée de toutes les jeunes femmes qui cueillent, souriantes, de vieux baisers.

Je les voyais, depuis la naissance du monde, évoquées, appelées par lui, surgissant autour de nous dans cette nuit d'Orient, les filles, les belles filles à l'âme vile qui, comme les bêtes ignorant l'âge du mâle, furent dociles à des désirs séniles. Elles se levaient, servantes des patriarches chantées par la Bible, Agar, Ruth, les filles de Loth, la brune Abigaïl, la vierge de Sunnam qui, de ses caresses, ranimait David agonisant, et toutes les autres, jeunes, grasses, blanches, patriciennes ou plébéiennes, irresponsables femelles d'un maître, chair d'esclave soumise, éblouie ou payée !

Je demandai :

« Qu'as-tu fait ? »

Il répondit simplement :

« Je suis parti. Et me voici. »

Alors nous restâmes l'un près de l'autre, longtemps, sans parler, rêvant !...

J'ai gardé de ce soir-là une impression inoubliable. Tout ce que j'avais vu, senti, entendu, deviné, la pêche, la pieuvre aussi peut-être, et ce récit poignant, au milieu des fantômes blancs, sur les toits voisins, tout semblait concourir à une émotion unique. Certaines rencontres, certaines inexplicables combinaisons de choses, contiennent assurément, sans que rien d'exceptionnel y apparaisse, une plus grande quantité de secrète quintessence de vie que celle dispersée dans l'ordinaire des jours.

ACHEVÉ D'IMPRIMER

pour les

BIBLIOPHILES CONTEMPORAINS

sur les presses à bras

DE L'ANCIENNE MAISON QUANTIN

Ce 28 juin 1892, à Paris